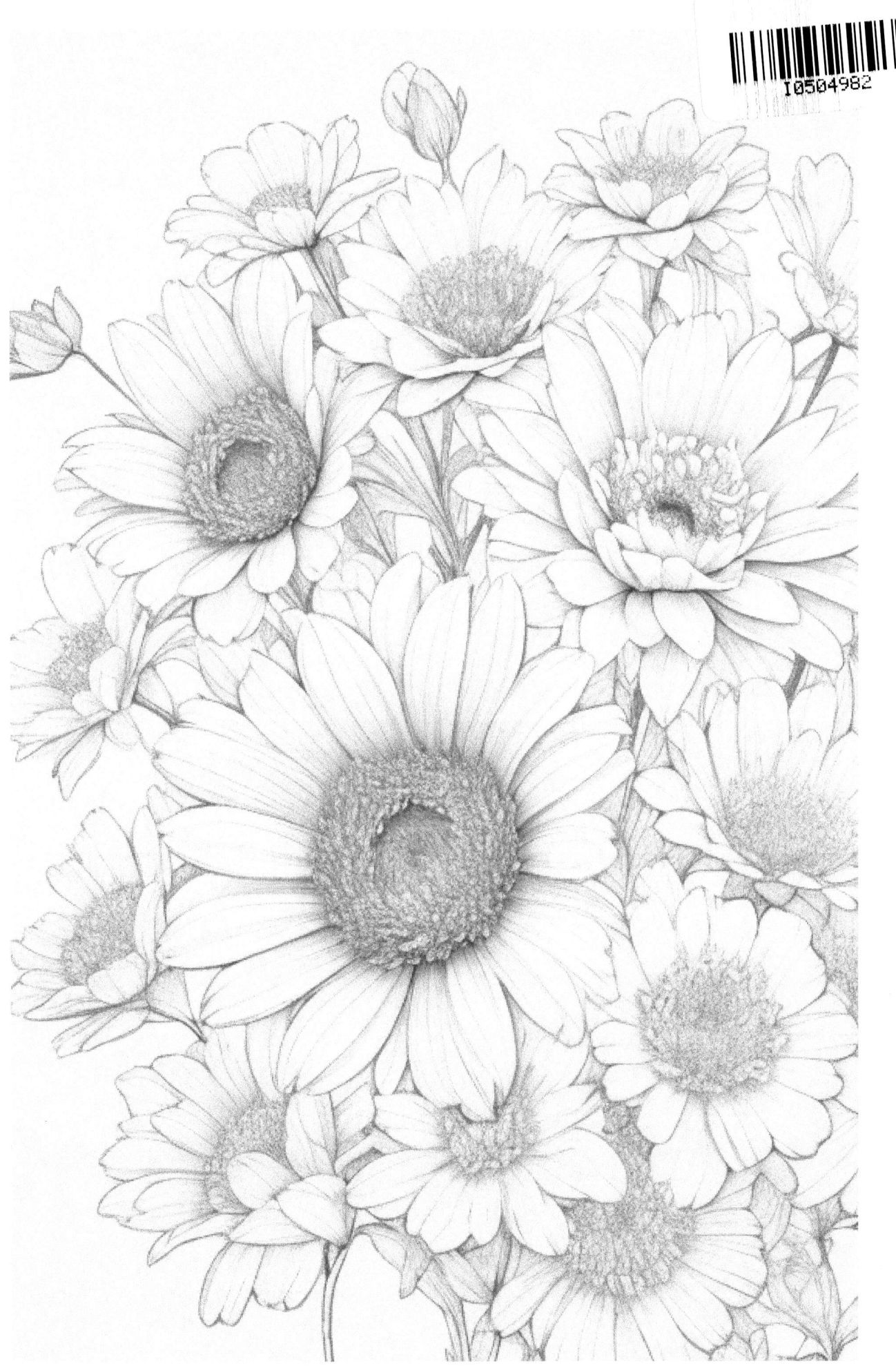

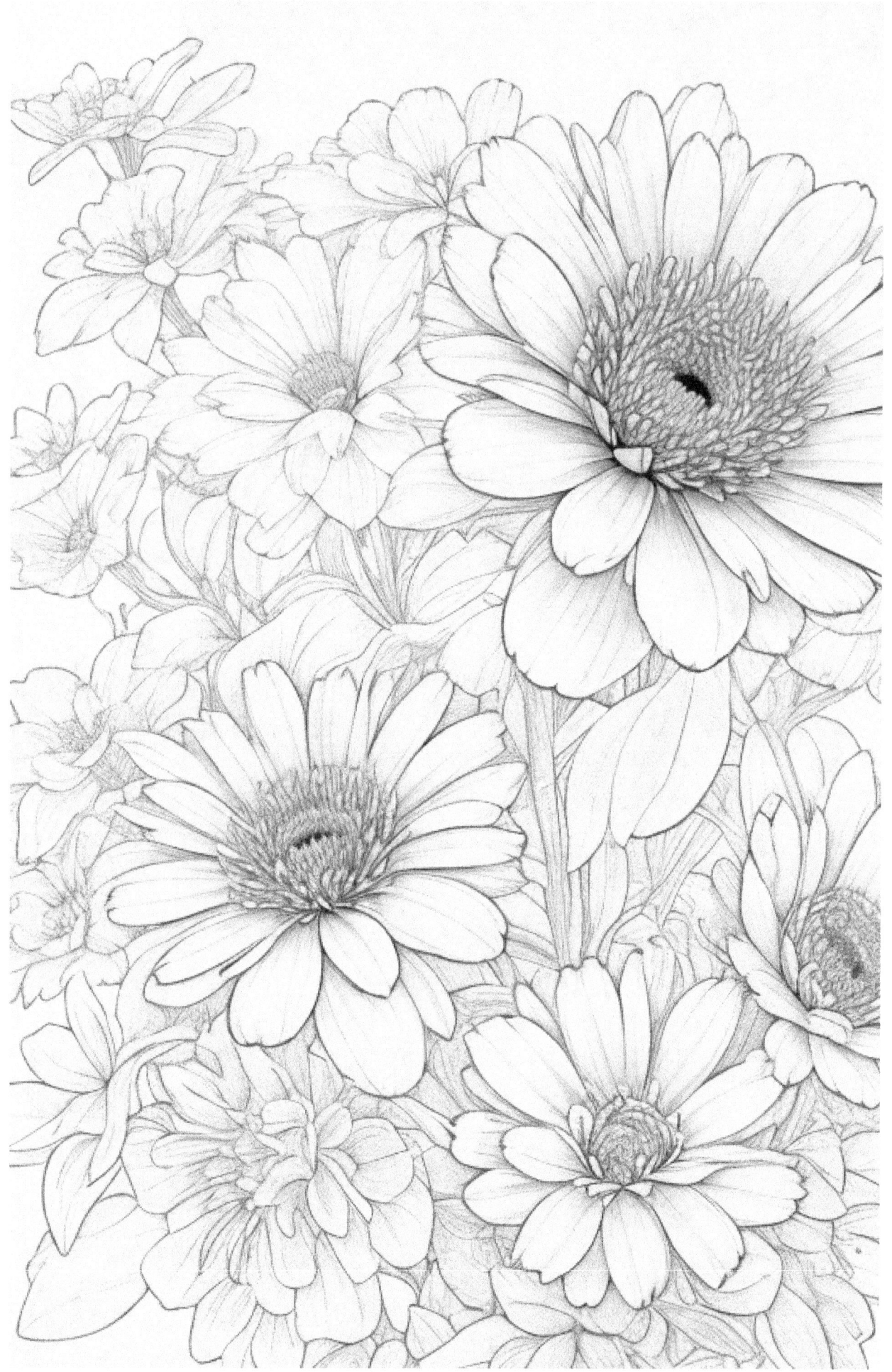

Welcome to the enchanting world of flowers! In this book, I invite you to explore the ephemeral beauty and infinite variety of colors, shapes, and fragrances that flowers offer us. Through the following pages, embark on an artistic journey that celebrates the magic and delicacy of nature.

The art of painting flowers has always captivated artists from every era. From Renaissance masters to contemporary painters, flowers have been an endless source of inspiration, conveying emotions and telling stories through careful brushstrokes.

In this book, you will find a selection of beautiful flower illustrations, carefully chosen to ignite your creativity and challenge your artistic skills. Each depicted flower has its own personality and charm, and it is up to you to bring these images to life through your color palette and unique style.

In addition to the illustrations, I will also share tips and techniques to enhance your painting skills. From basic foundations to more advanced approaches, you will find practical guidance that will help you create vibrant and expressive compositions.

This book is an invitation for you to lose yourself in petals, leaves, and stems, allowing your imagination to bloom and your brushstrokes to come alive. Immerse yourself in the serenity of flowers and enjoy the rewarding experience of creating something beautiful and unique.

Get ready to venture into a world of radiant colors, dramatic contrasts, and intricate subtleties. Awaken the artist within you, dive into the magic of flowers, and let your painting convey the essence and beauty that only nature can provide.

May your journey through this book be inspiring, fulfilling, and filled with artistic discoveries. Open your heart and mind, immerse yourself in the universe of flowers, and start painting!

Bem-vindo(a) ao mundo encantado das flores! Neste livro, convido você a explorar a beleza efêmera e a infinita variedade de cores, formas e fragrâncias que as flores nos oferecem. Através das páginas que se seguem, embarque em uma jornada artística que celebra a magia e a delicadeza da natureza.

A pintura de flores sempre exerceu um fascínio sobre artistas de todas as épocas. Desde os mestres renascentistas até os pintores contemporâneos, as flores têm sido uma fonte inesgotável de inspiração, transmitindo emoções e contando histórias por meio de pinceladas cuidadosas.

Neste livro, você encontrará uma seleção de belas ilustrações de flores, cuidadosamente escolhidas para despertar sua criatividade e desafiar suas habilidades artísticas. Cada flor retratada tem sua própria personalidade e encanto, e cabe a você dar vida a essas imagens através da paleta de cores e do seu estilo único.

Além das ilustrações, também compartilharei dicas e técnicas para aprimorar suas habilidades de pintura. Desde os fundamentos básicos até abordagens mais avançadas, você encontrará orientações práticas que o(a) ajudarão a criar composições vibrantes e expressivas.

Este livro é um convite para você se perder nas pétalas, folhas e caules, permitindo que sua imaginação floresça e suas pinceladas ganhem vida. Deixe-se envolver pela serenidade das flores e aproveite a experiência gratificante de criar algo belo e único.

Prepare-se para se aventurar em um mundo de cores radiantes, contrastes dramáticos e sutilezas detalhadas. Desperte o artista dentro de você, mergulhe na magia das flores e permita que sua pintura transmita a essência e a beleza que só a natureza pode proporcionar.

Que sua jornada por este livro seja inspiradora, gratificante e cheia de descobertas artísticas. Abra seu coração e sua mente, mergulhe no universo das flores e comece a pintar!

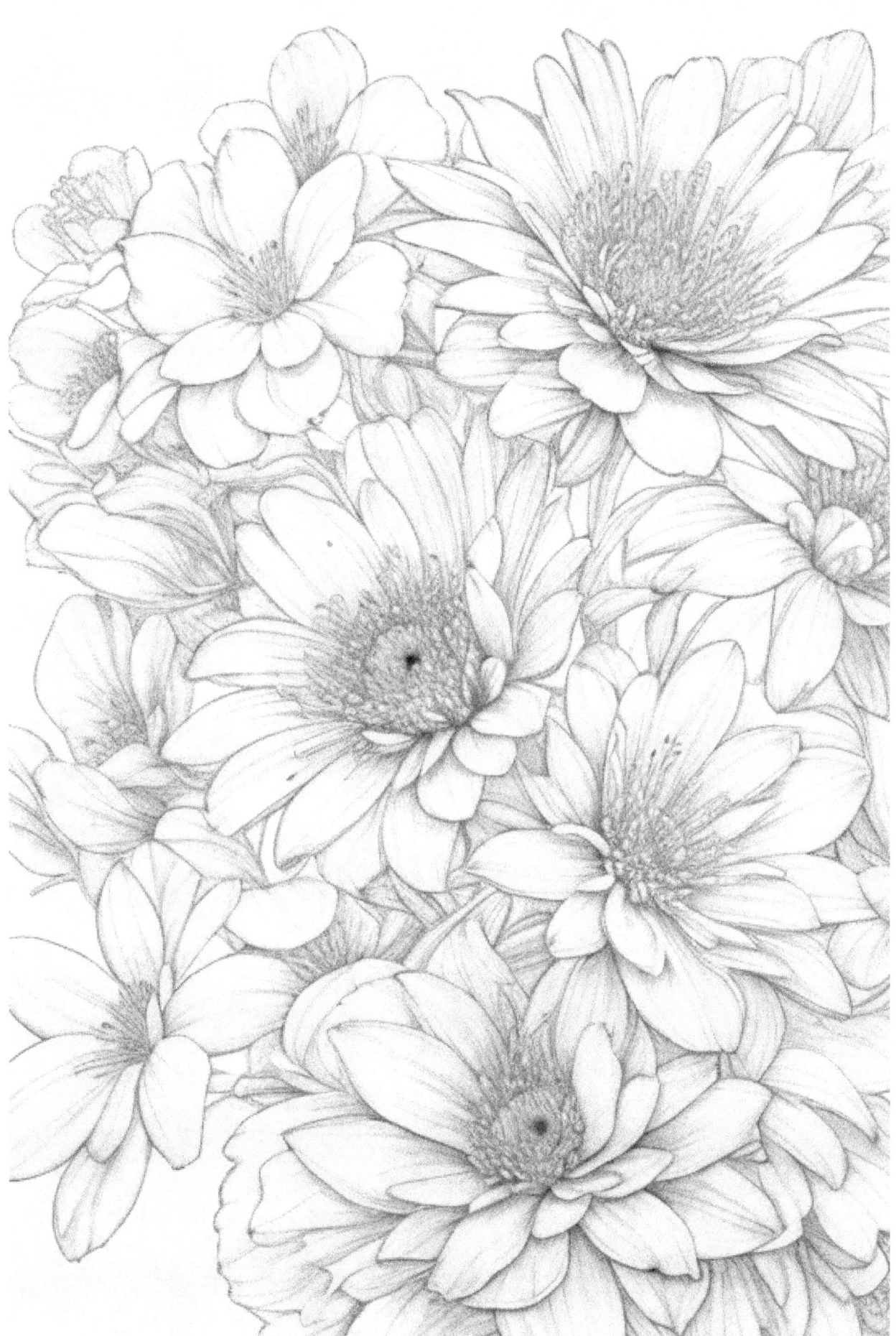

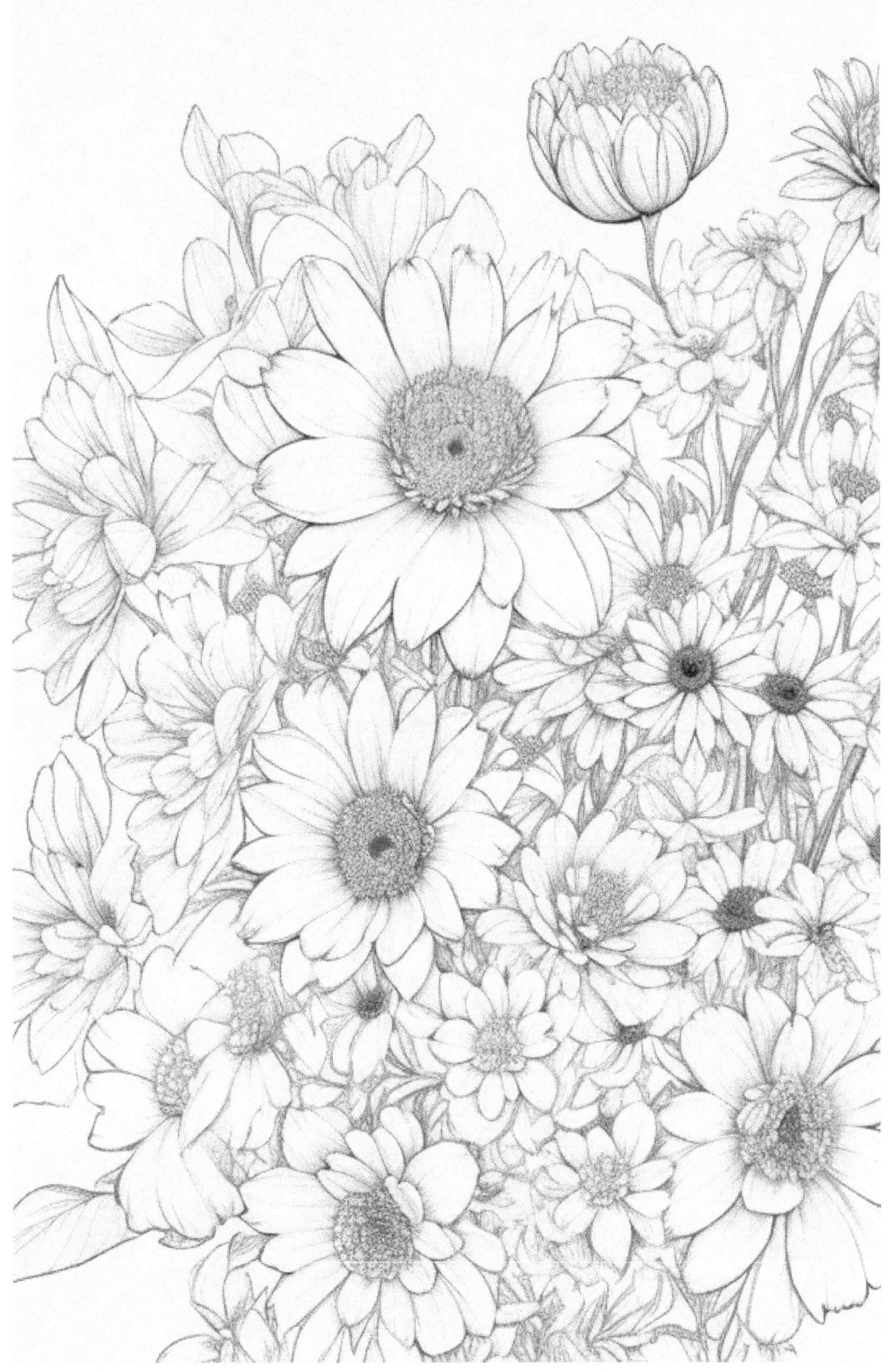

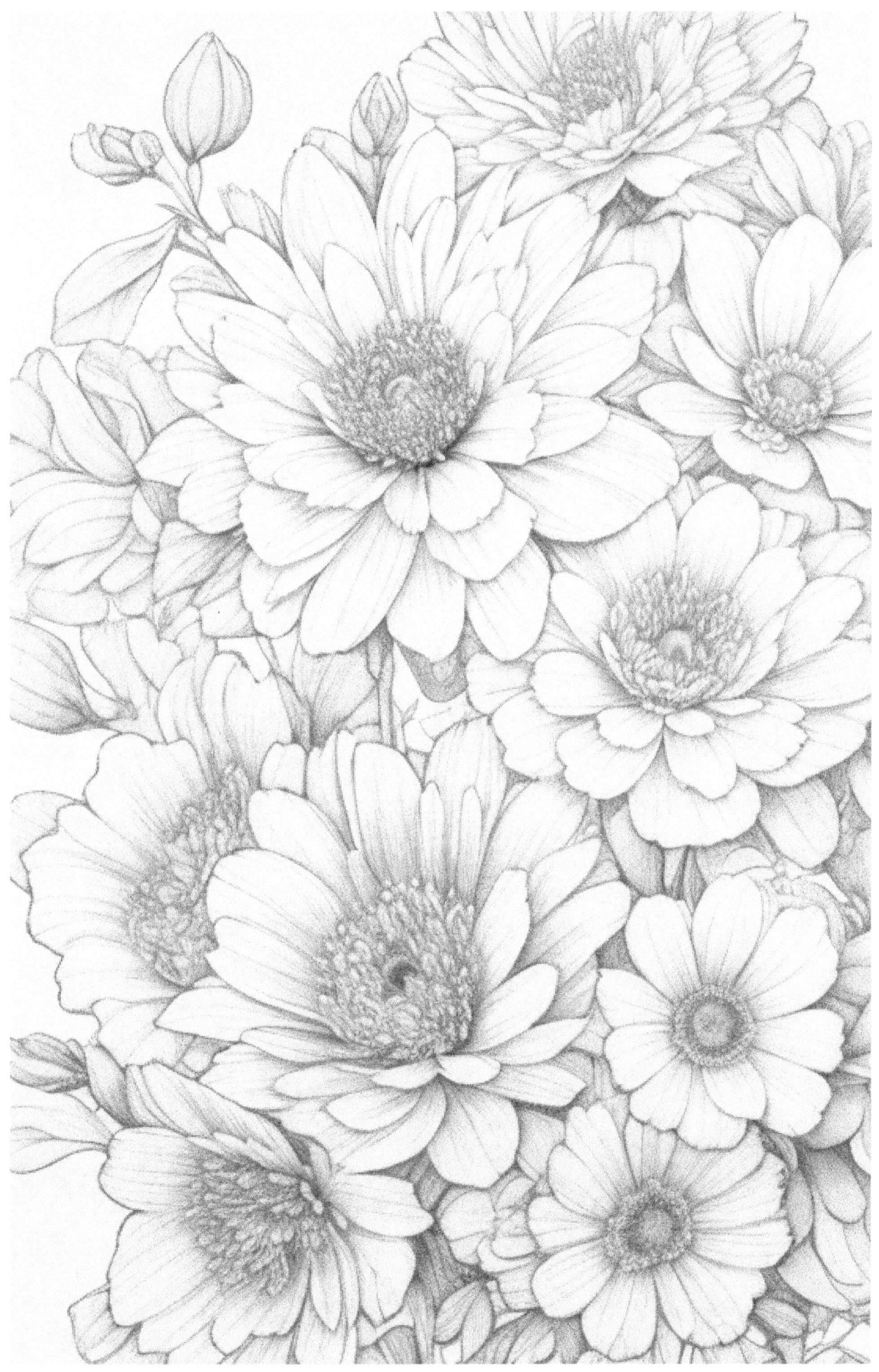

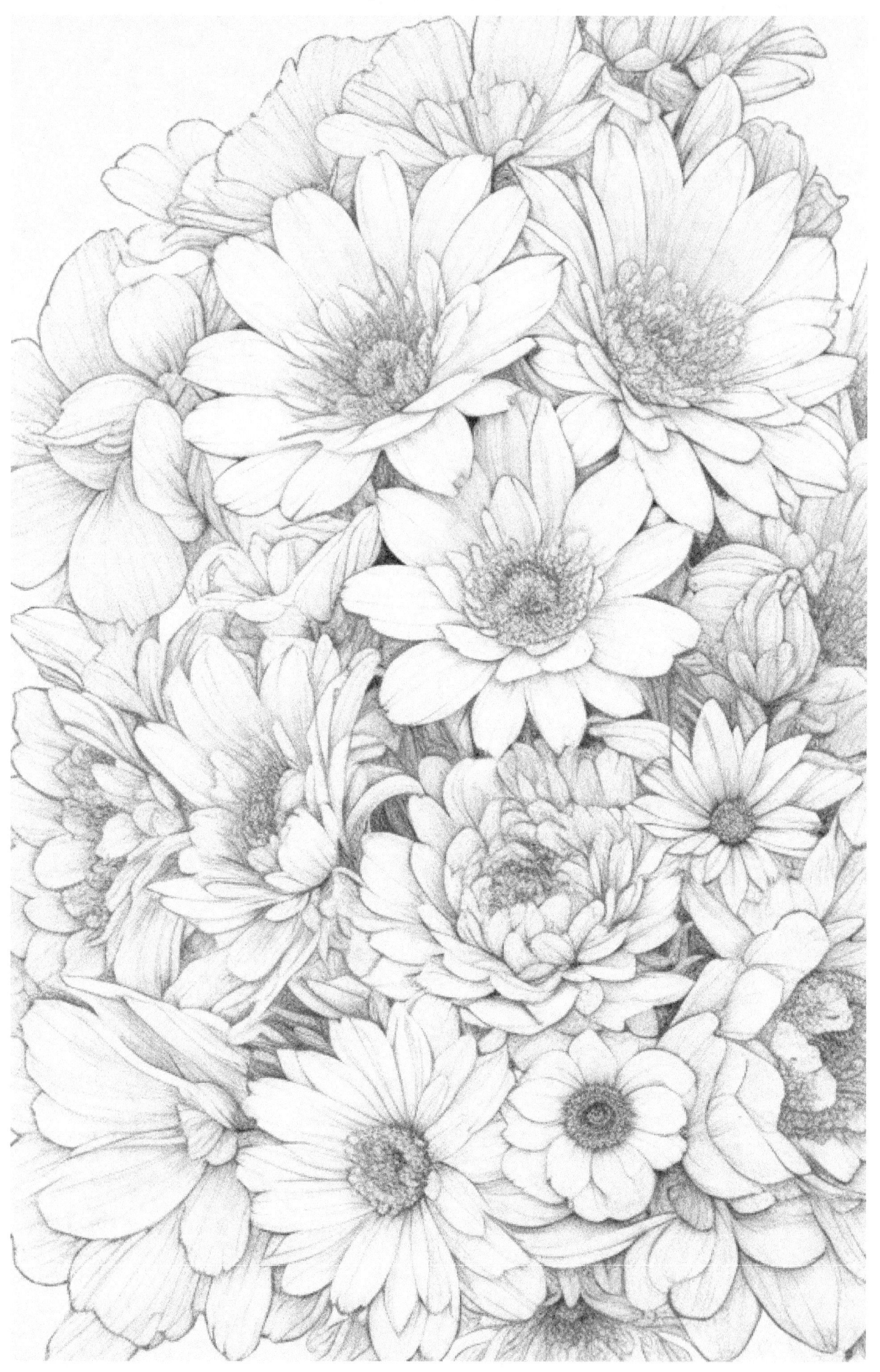

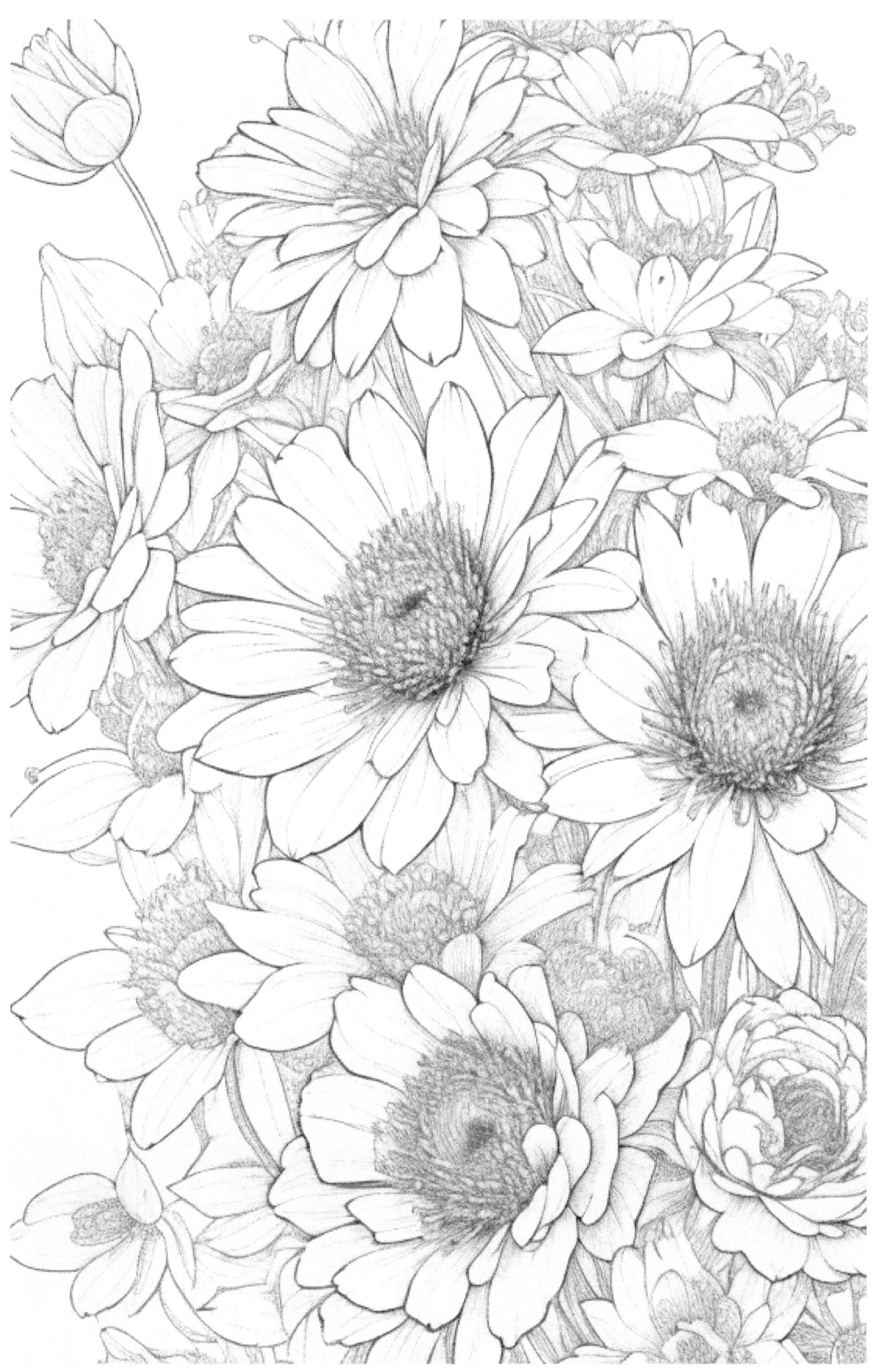

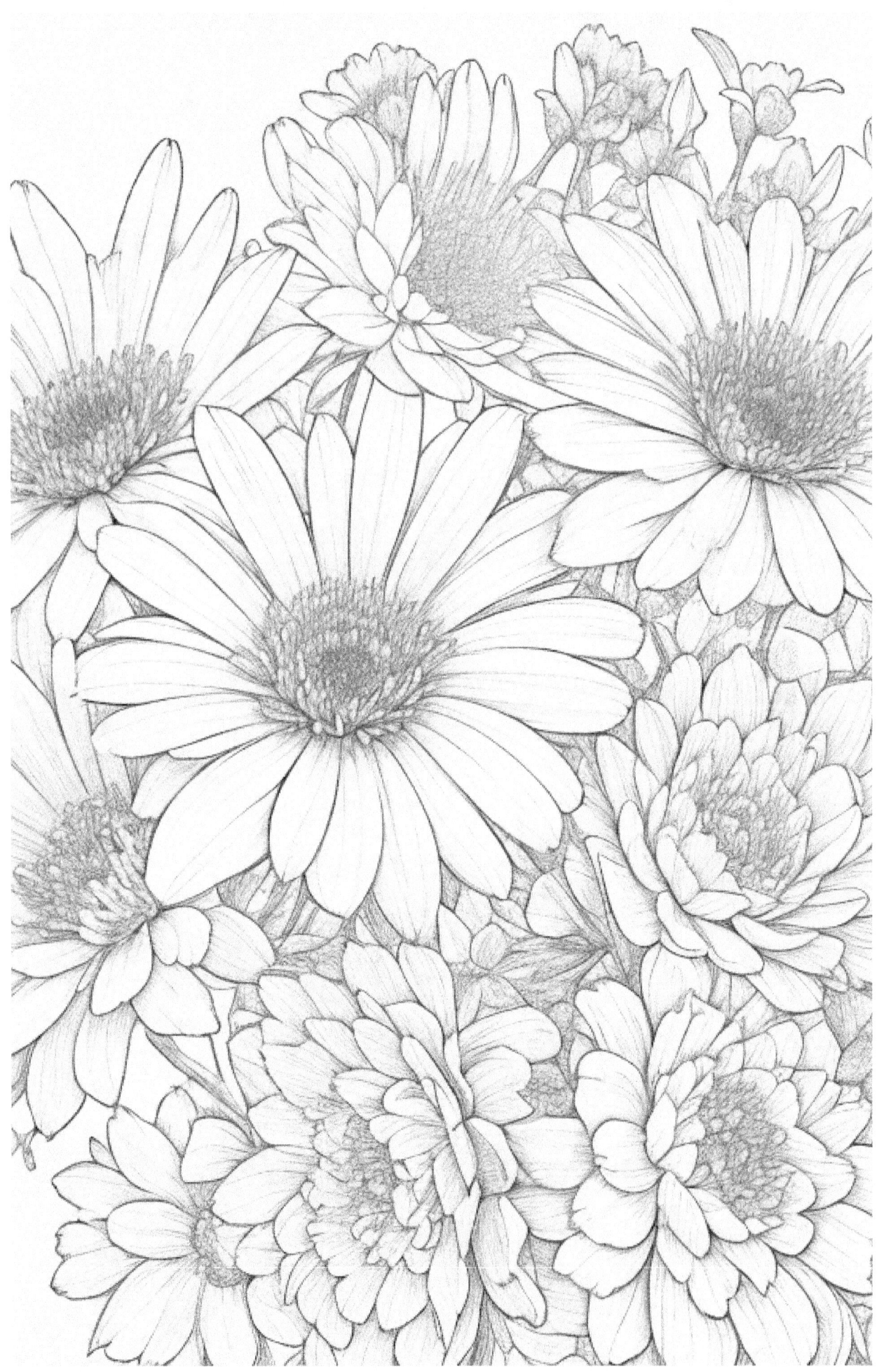

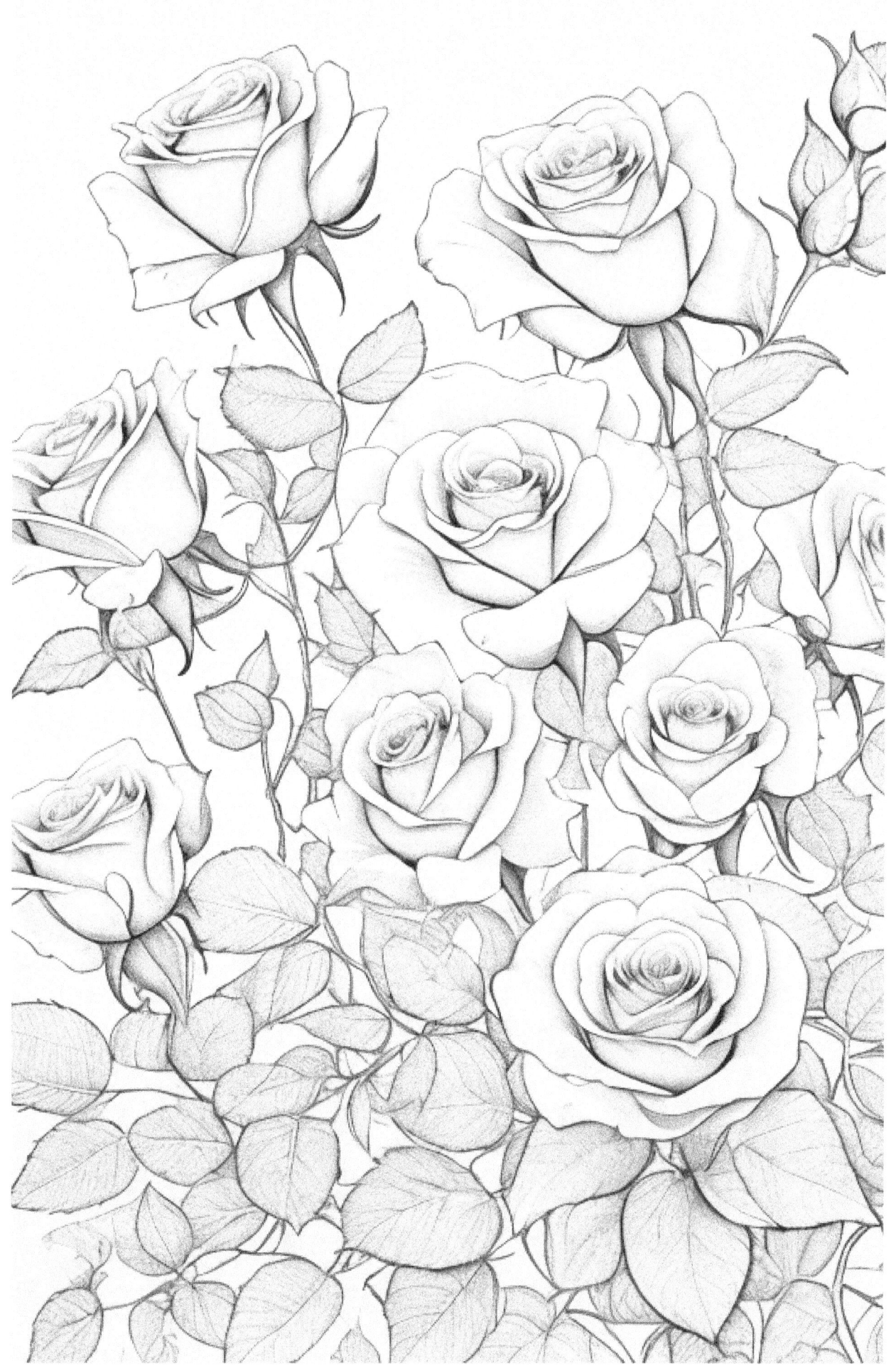

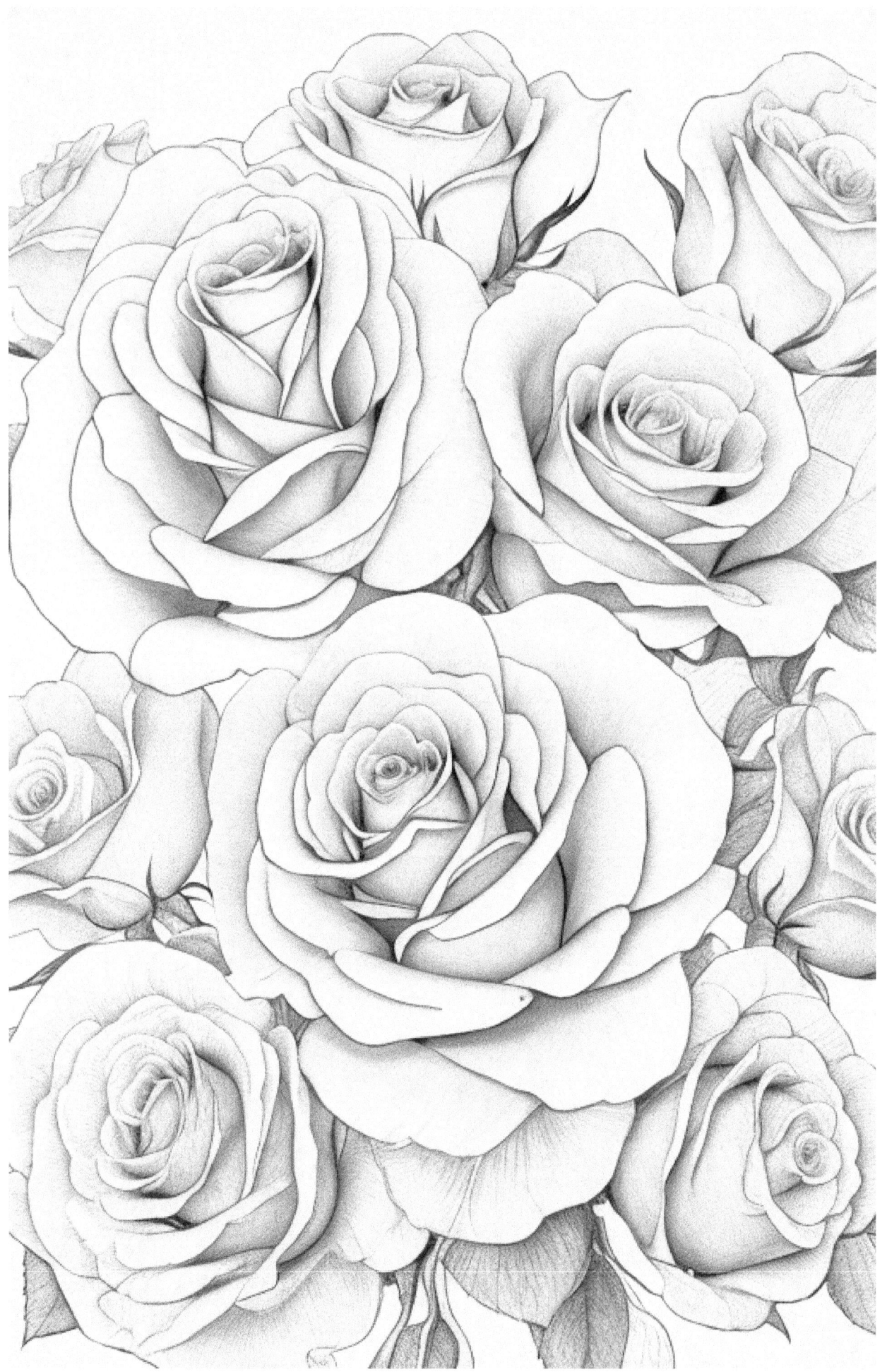

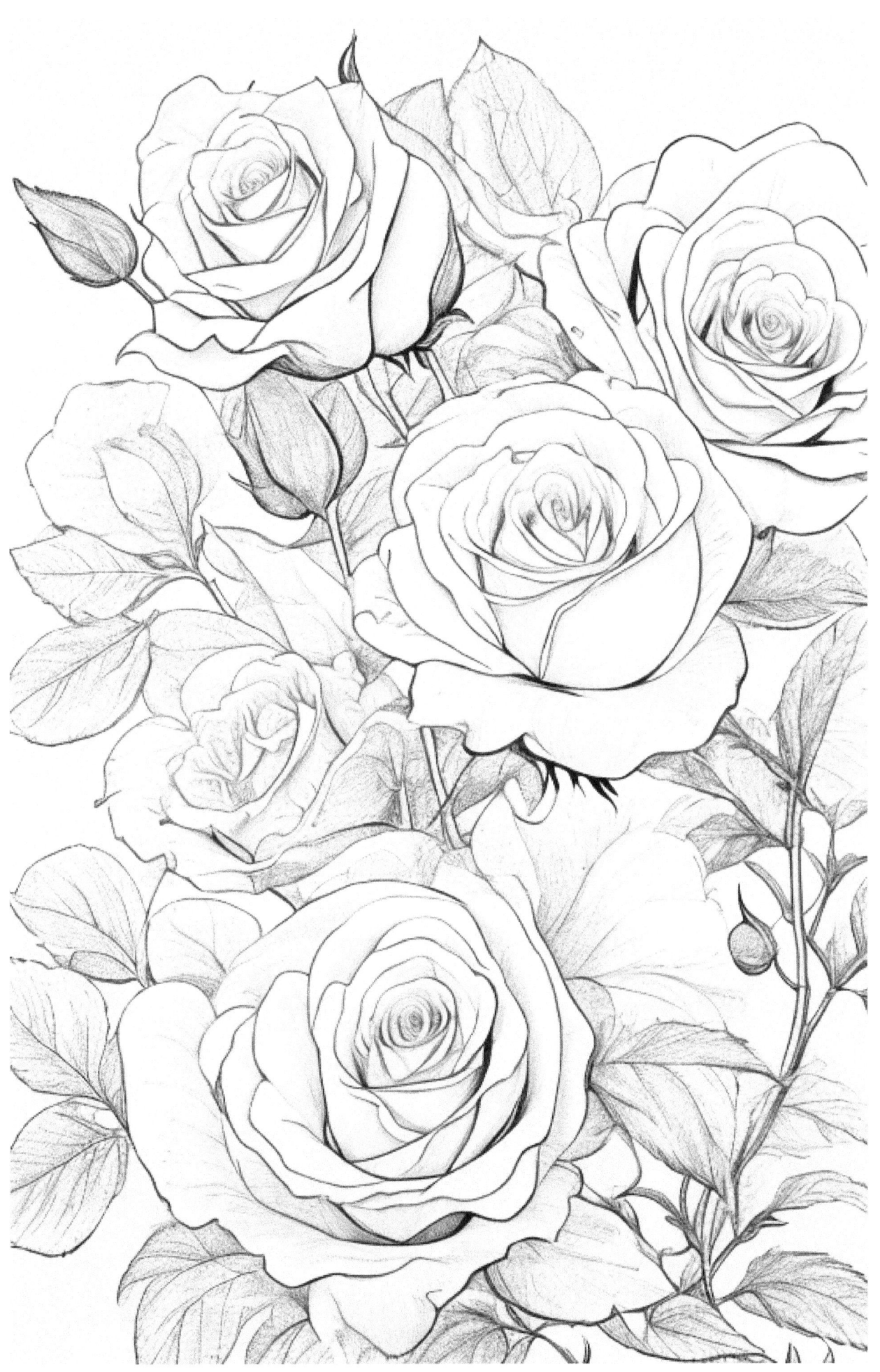

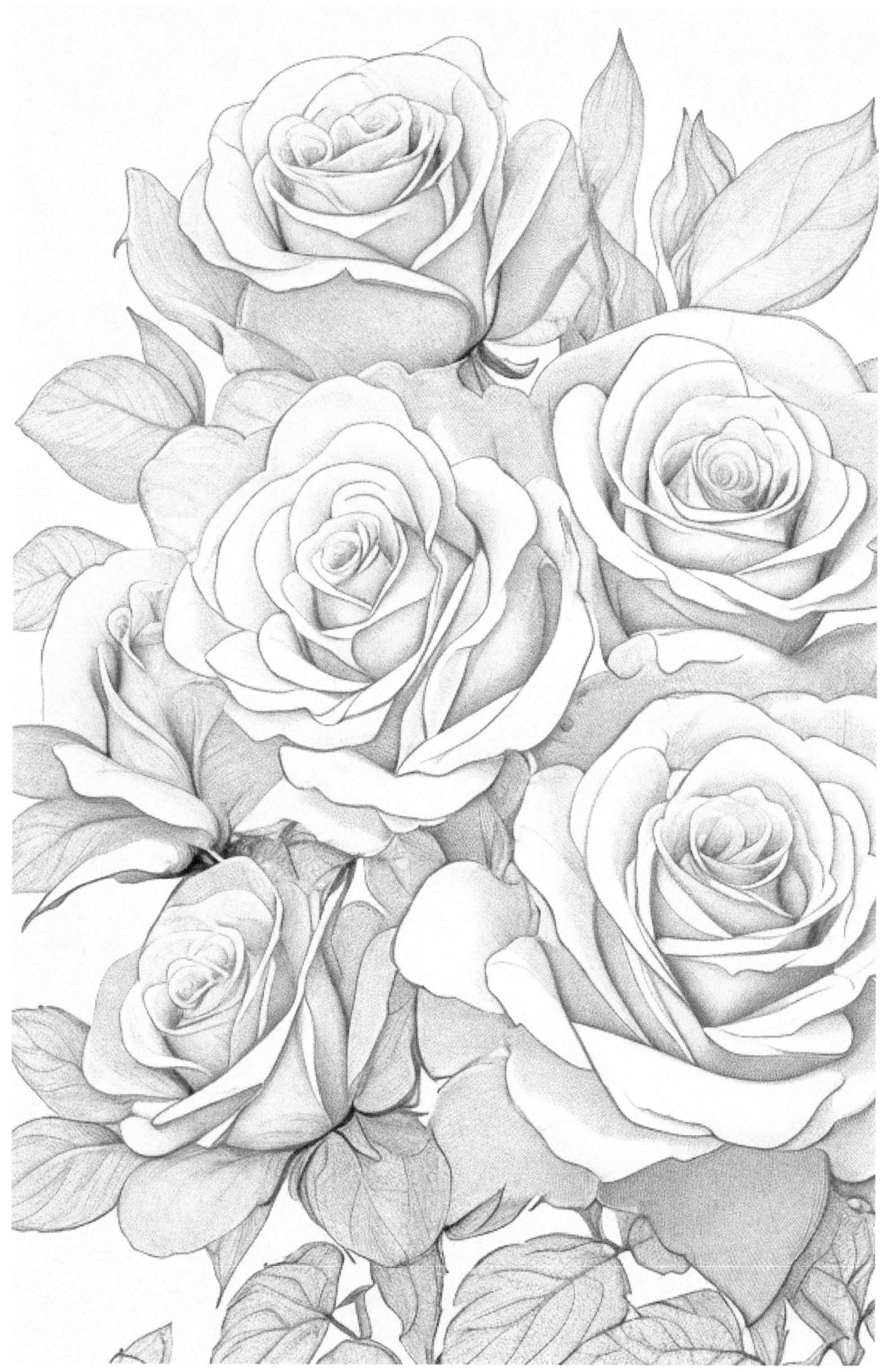

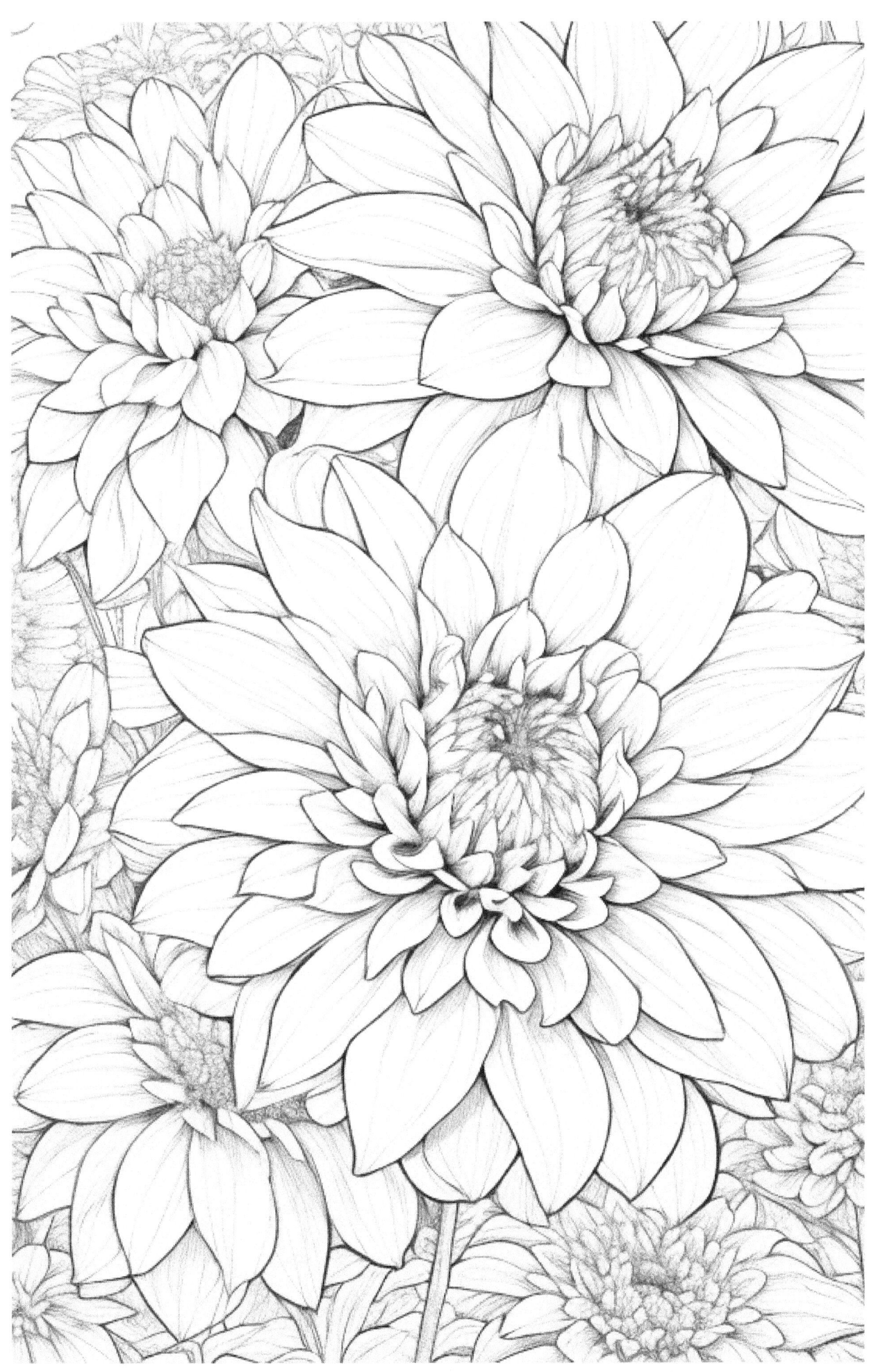

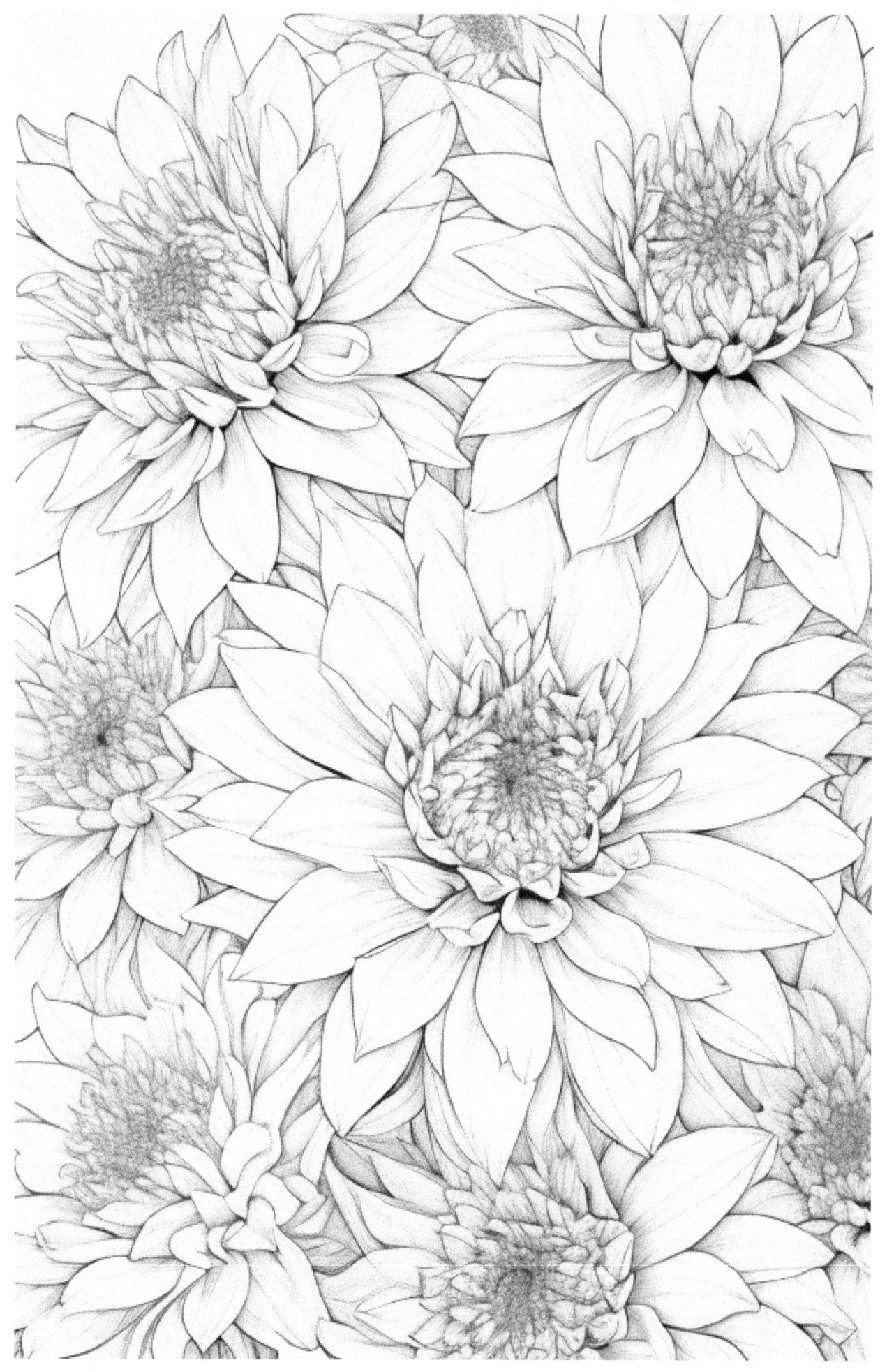

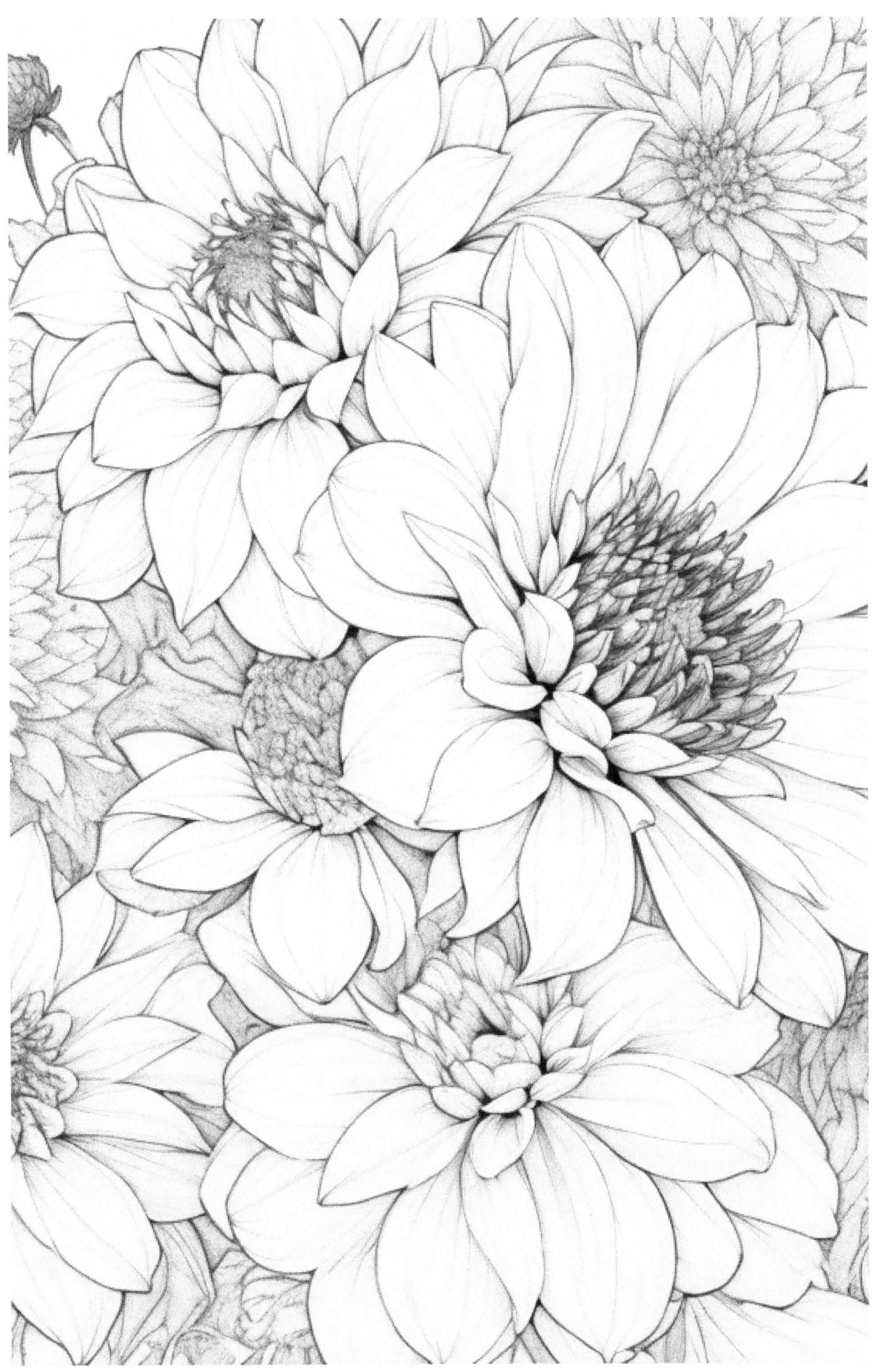

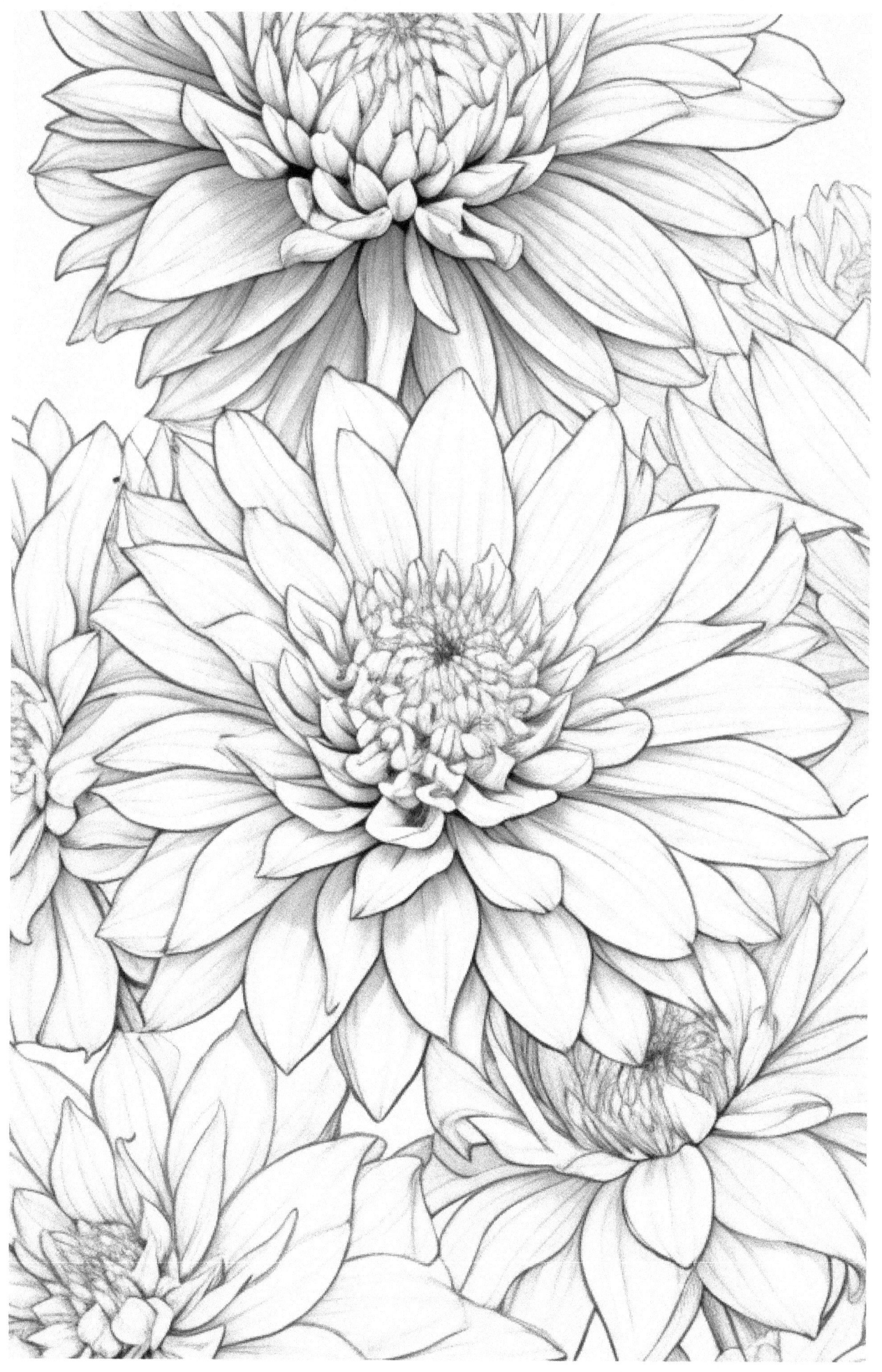

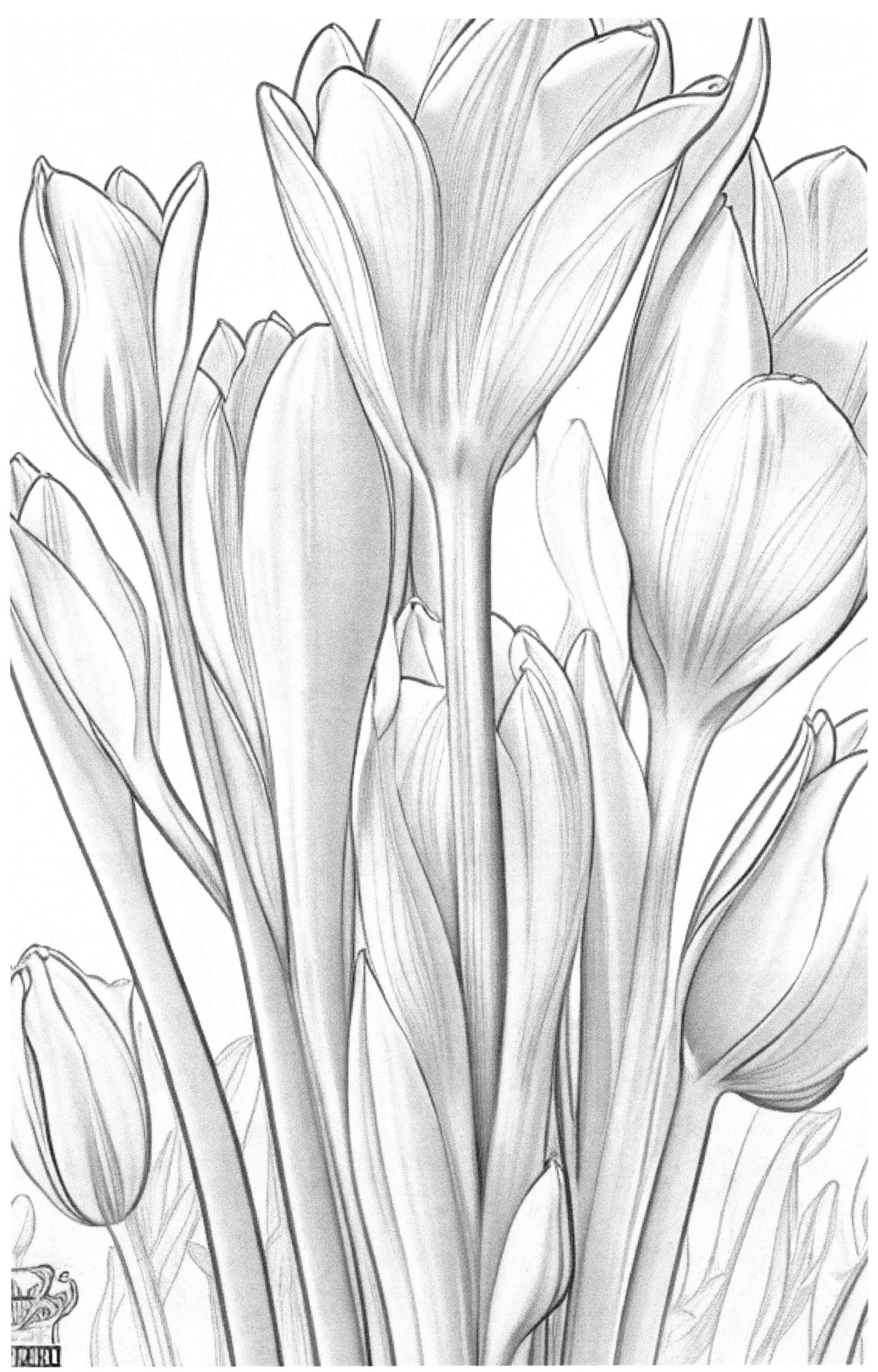

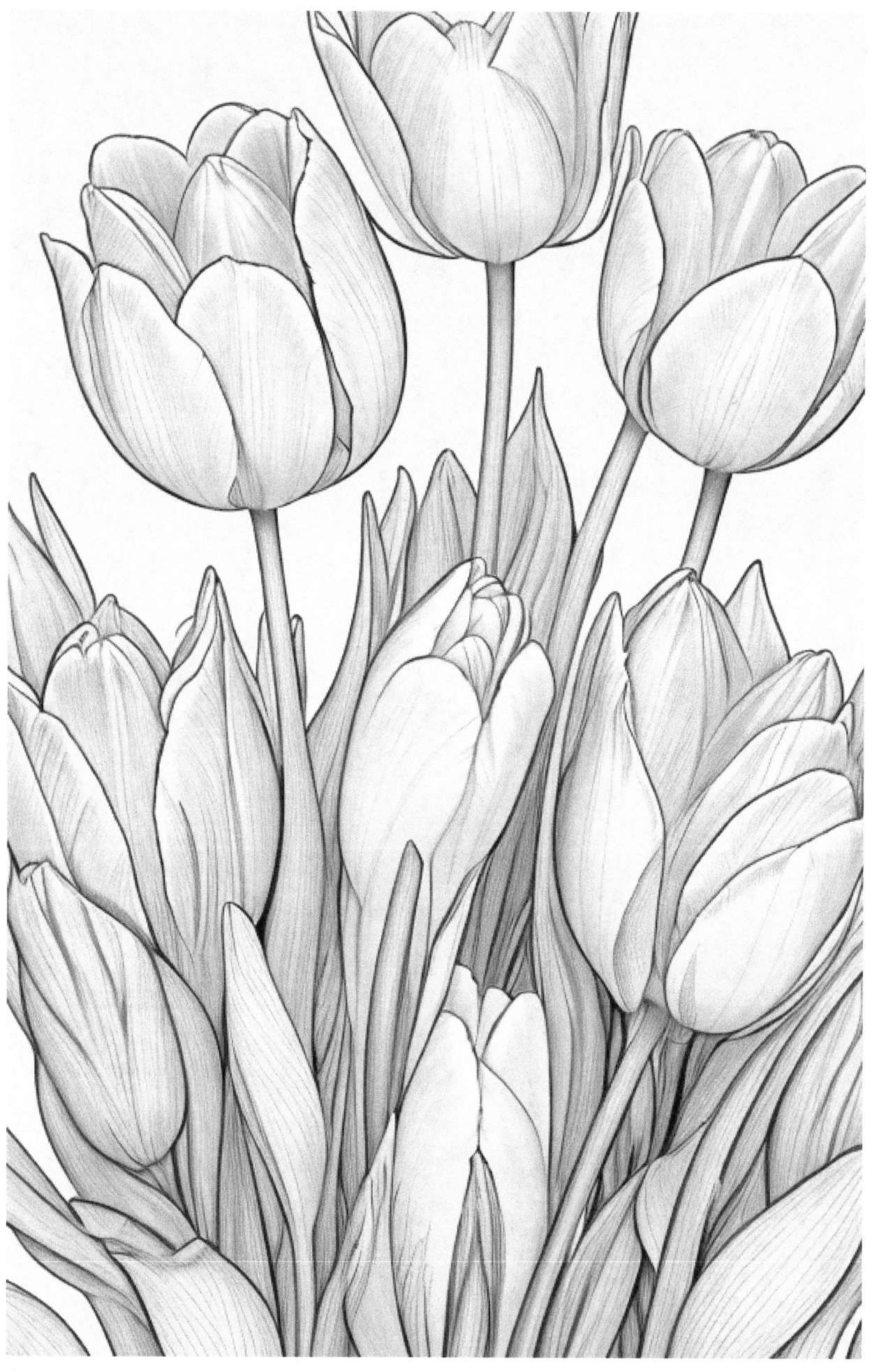

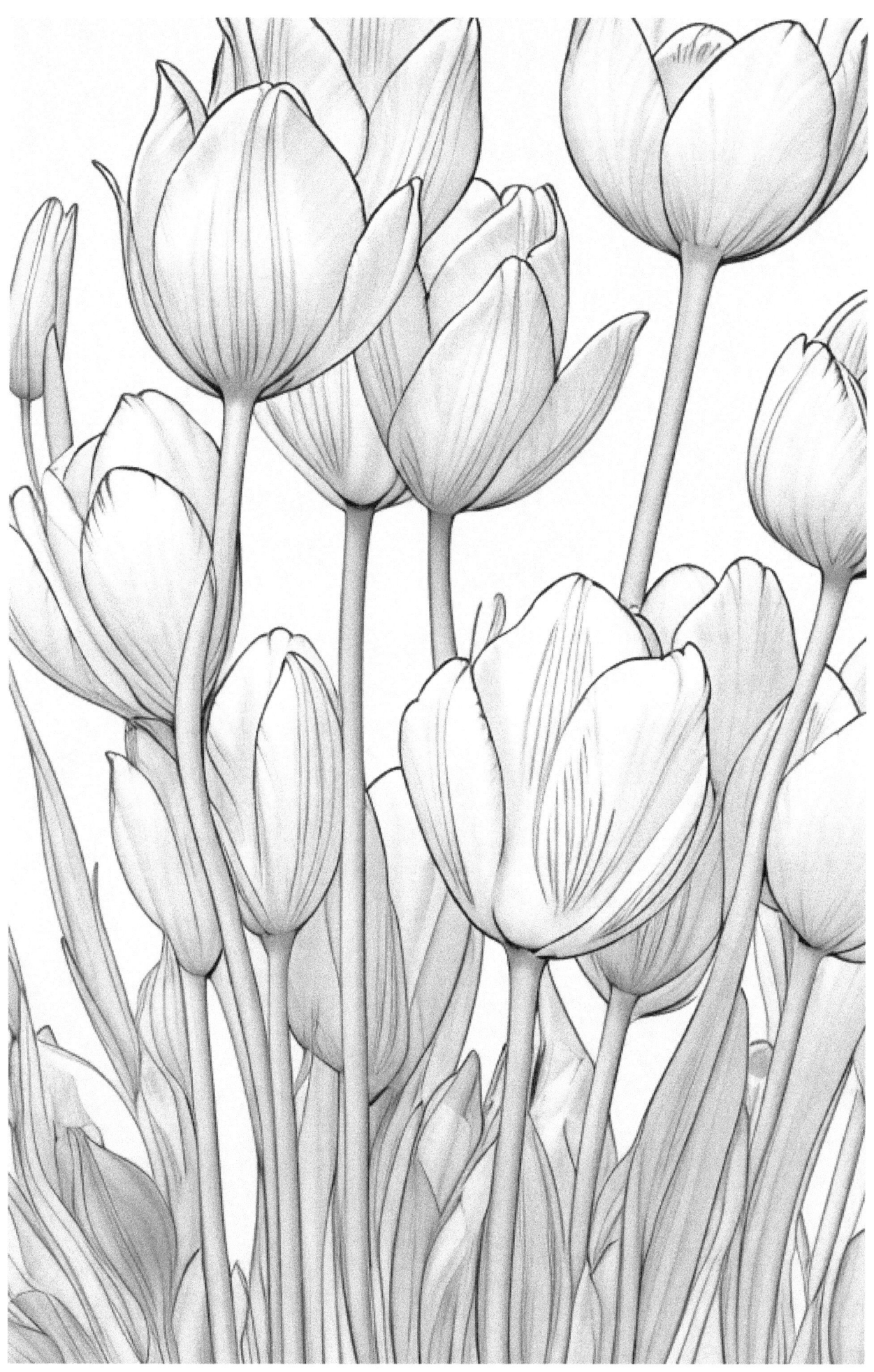

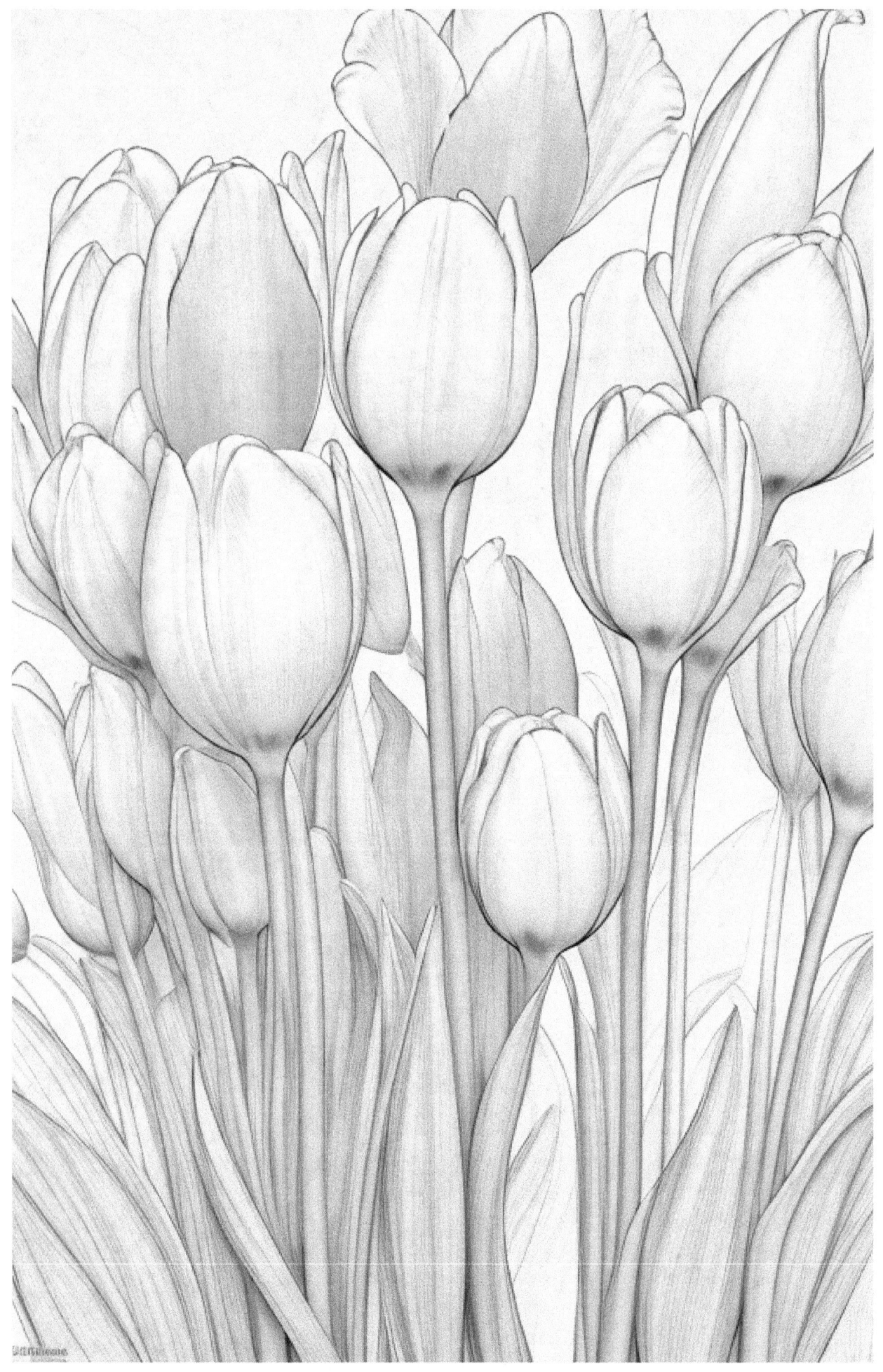

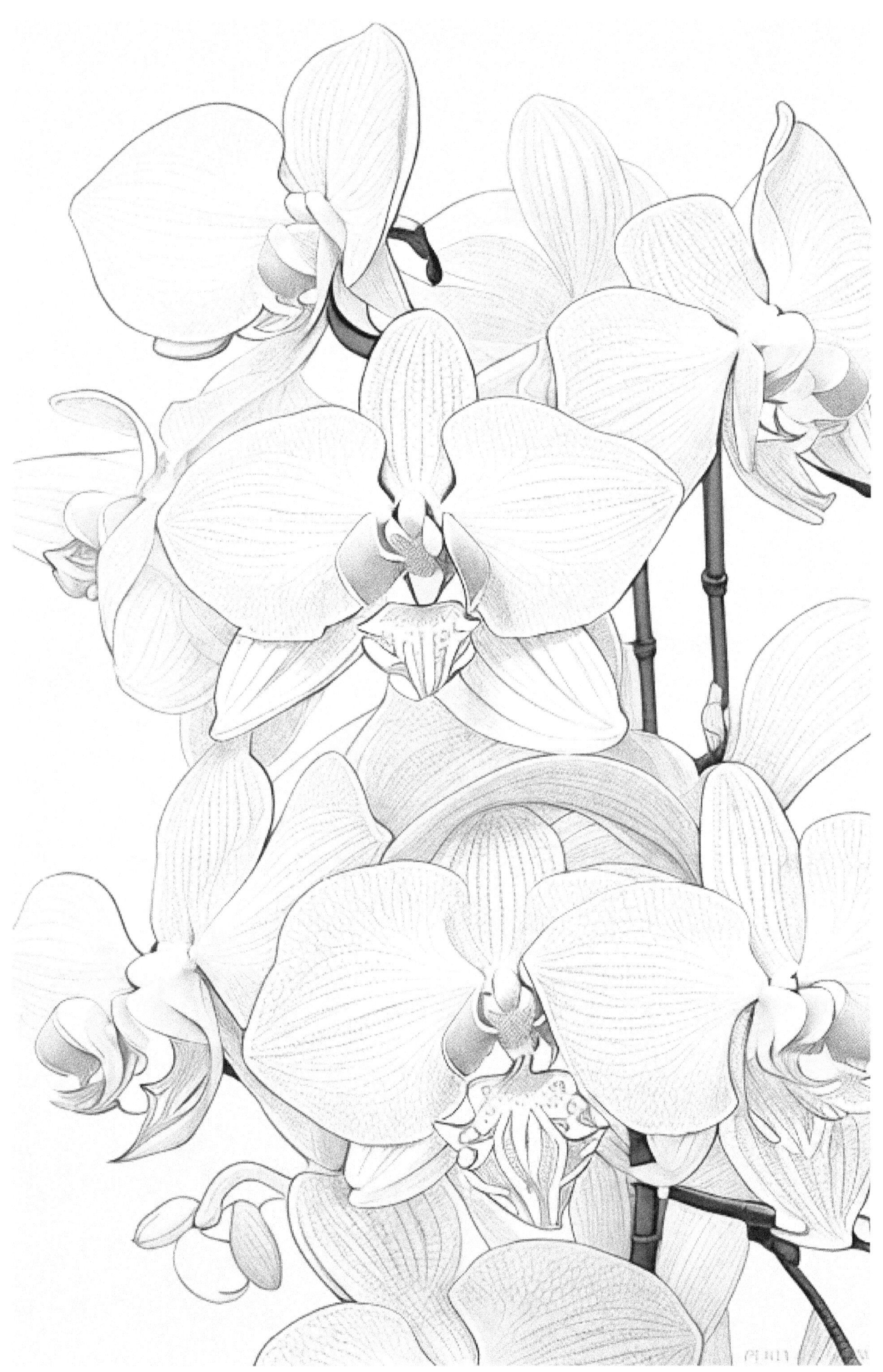

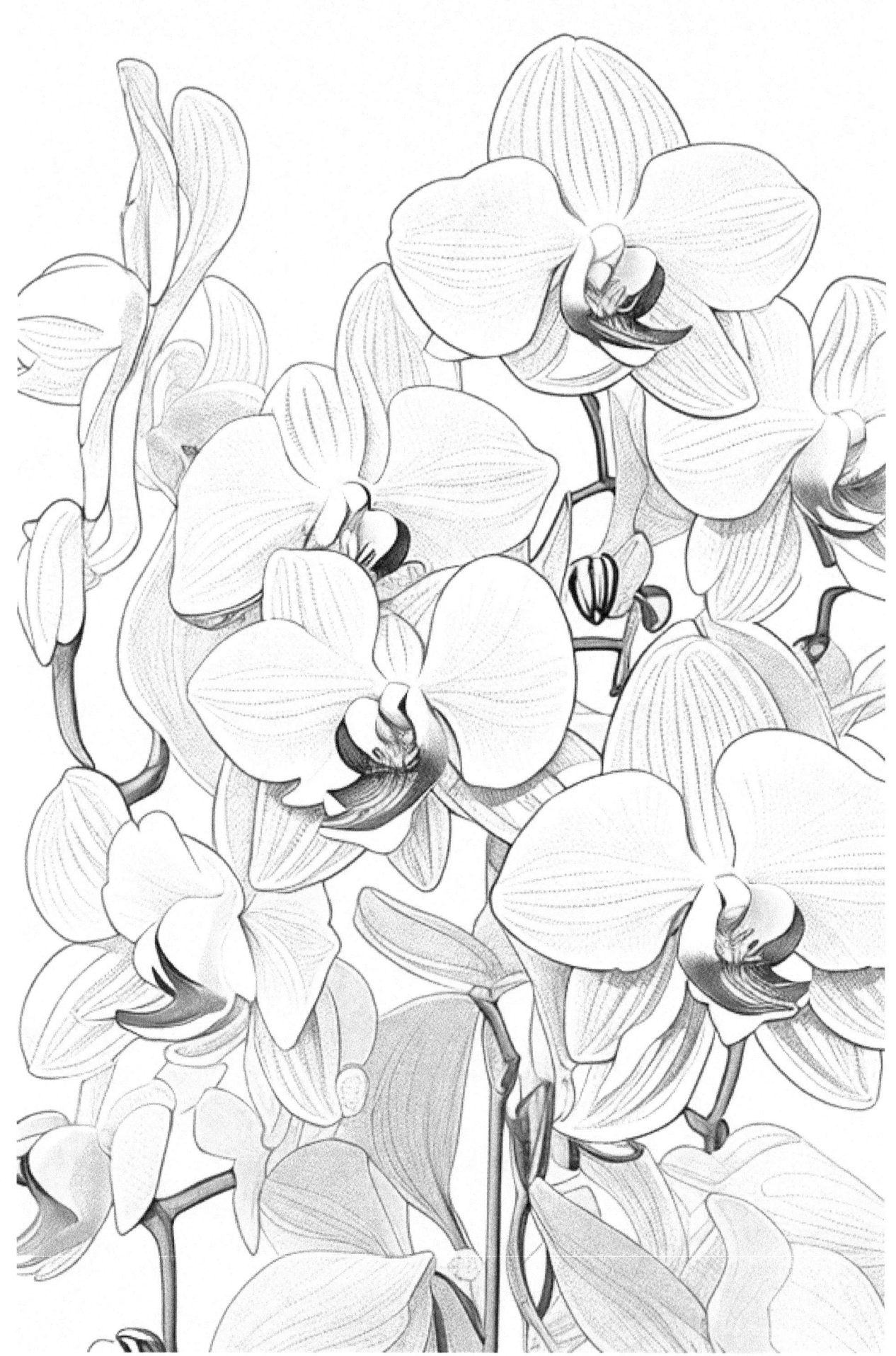

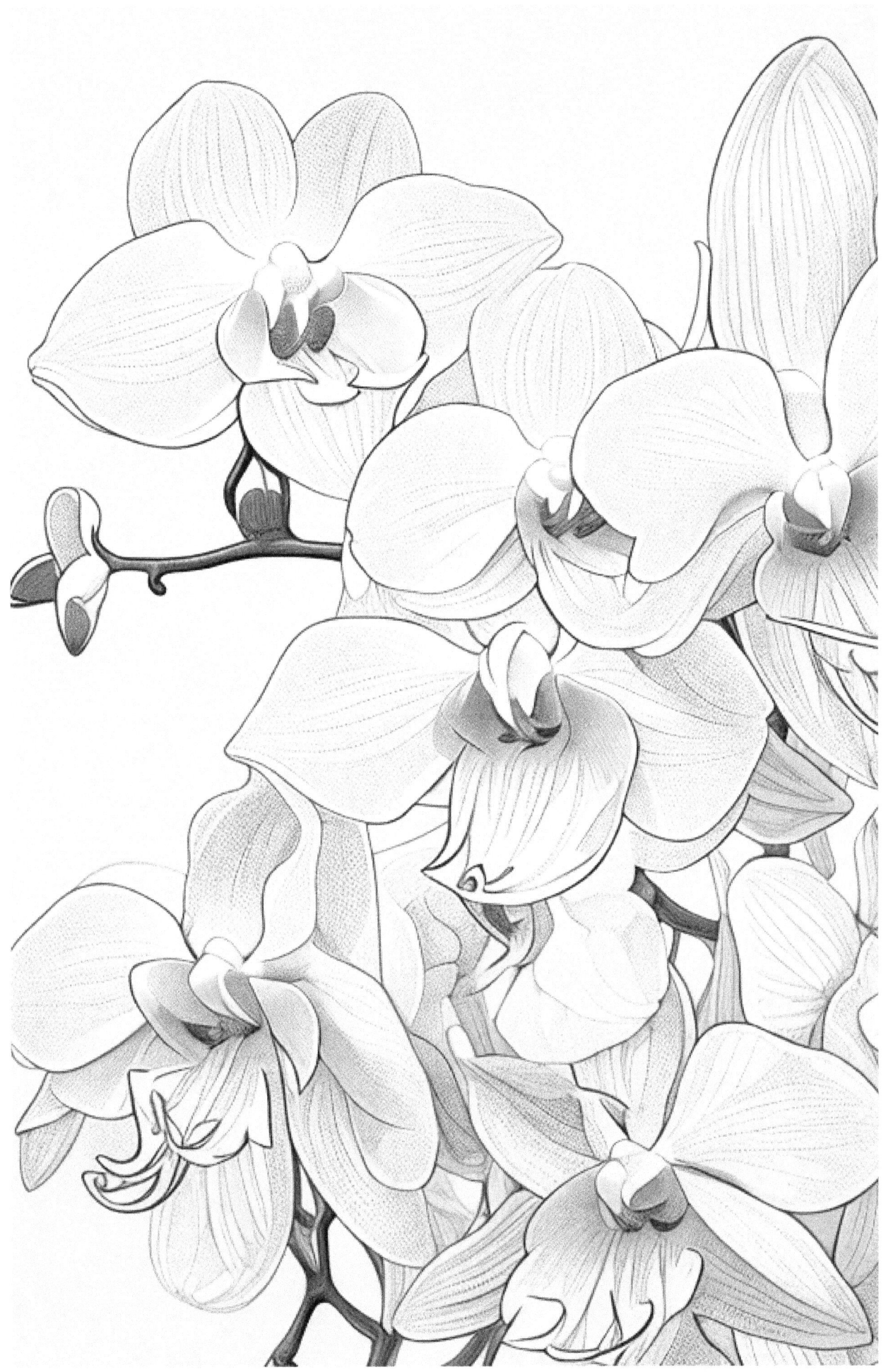

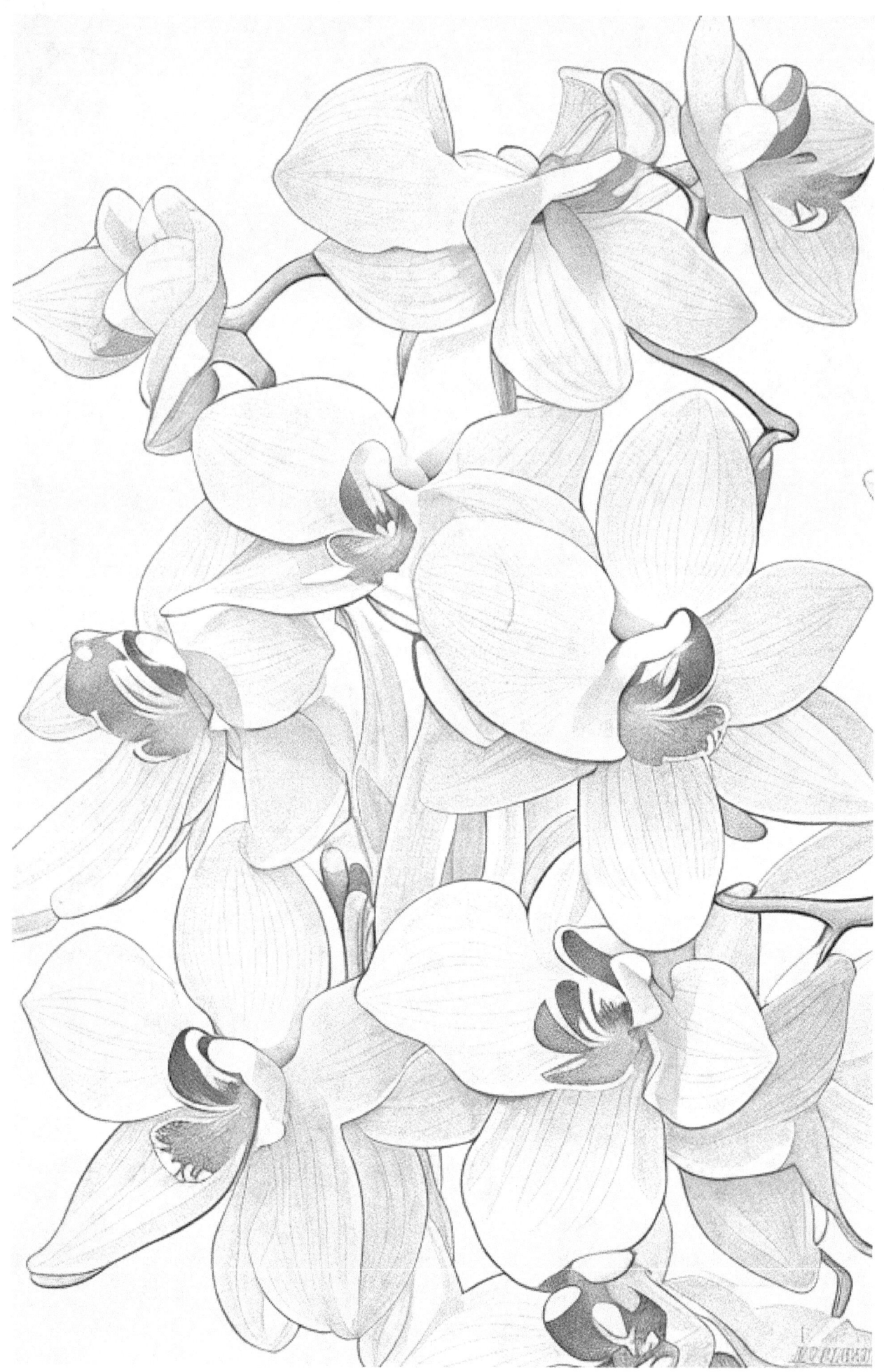

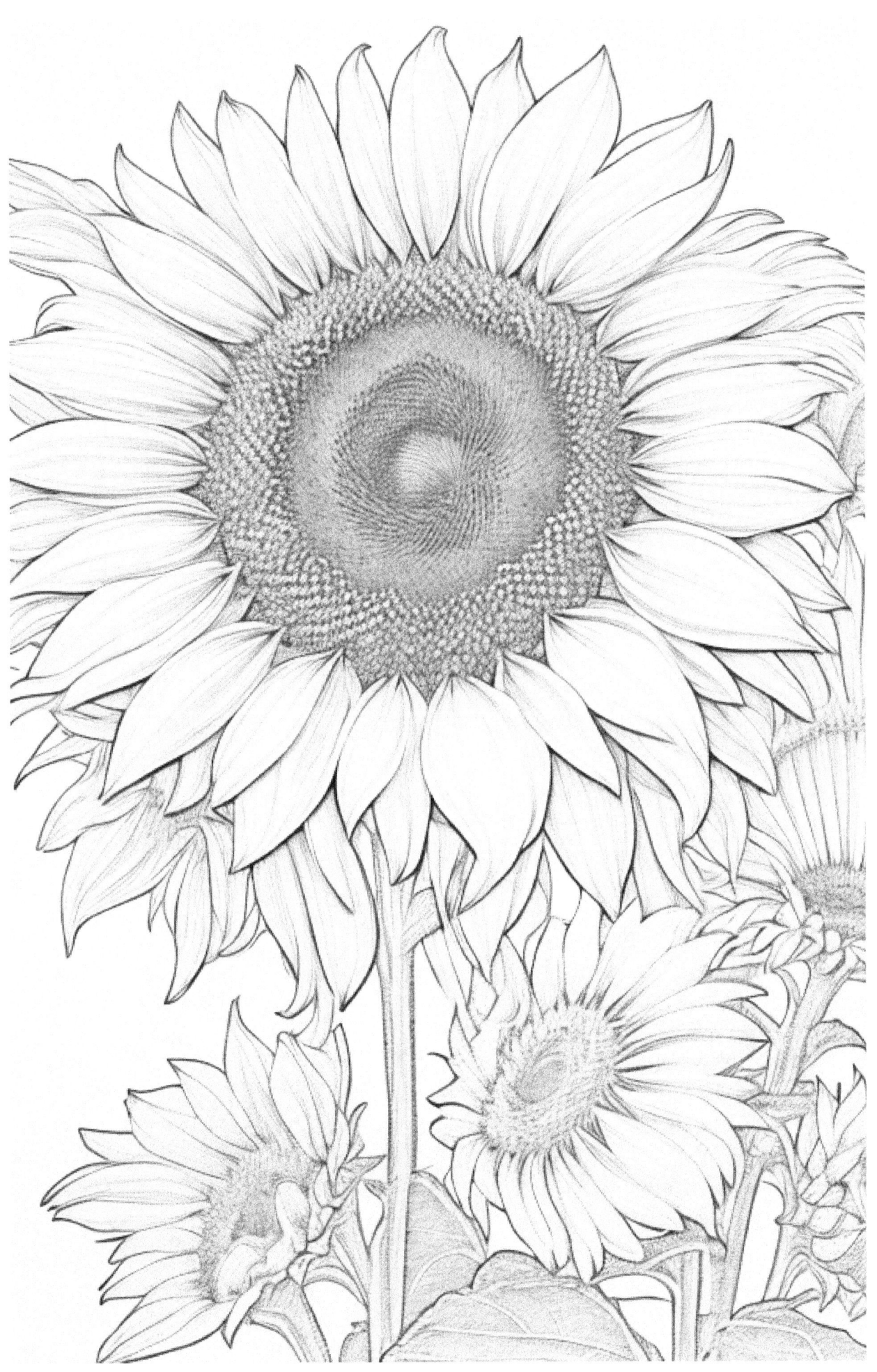

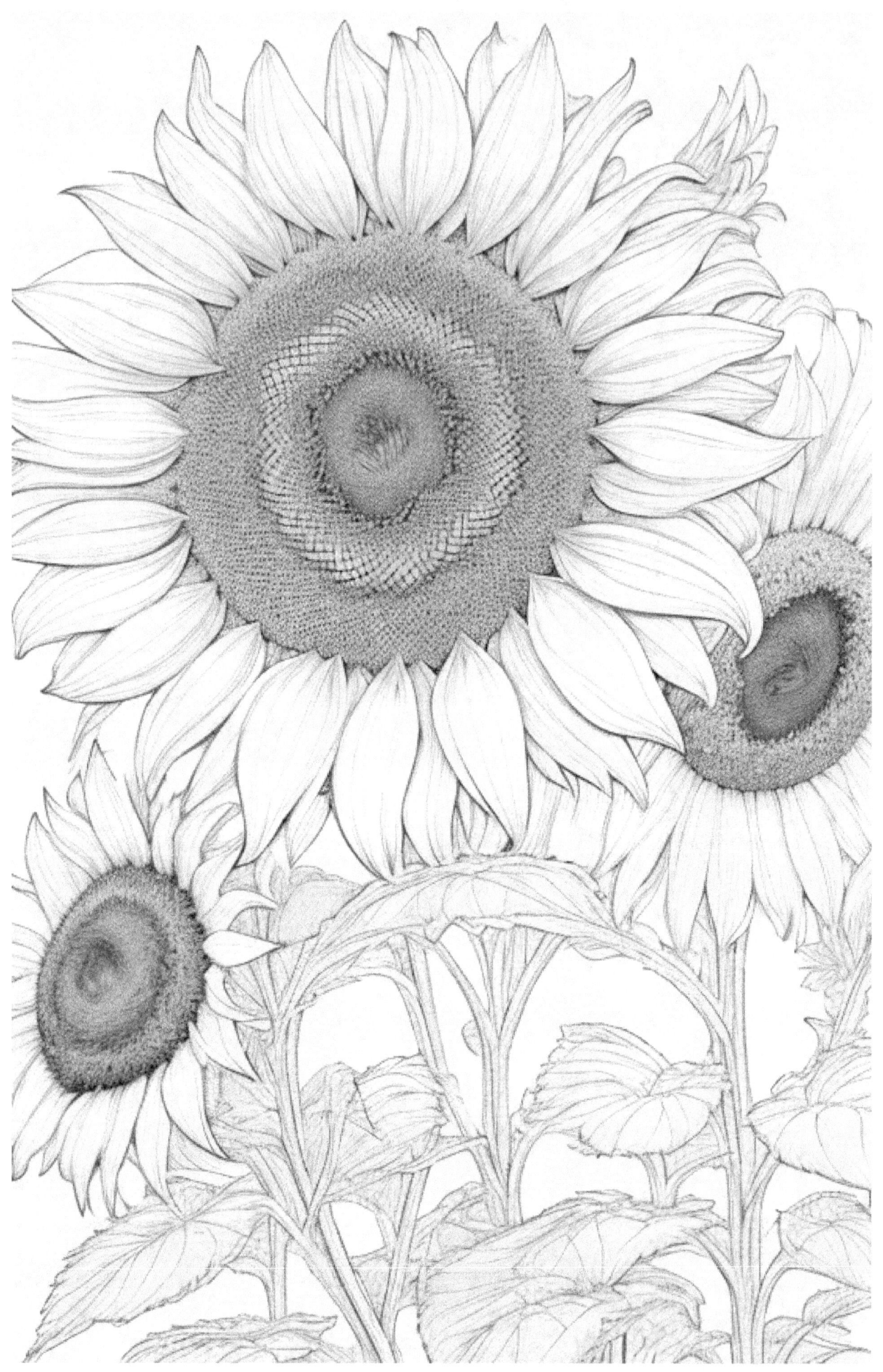

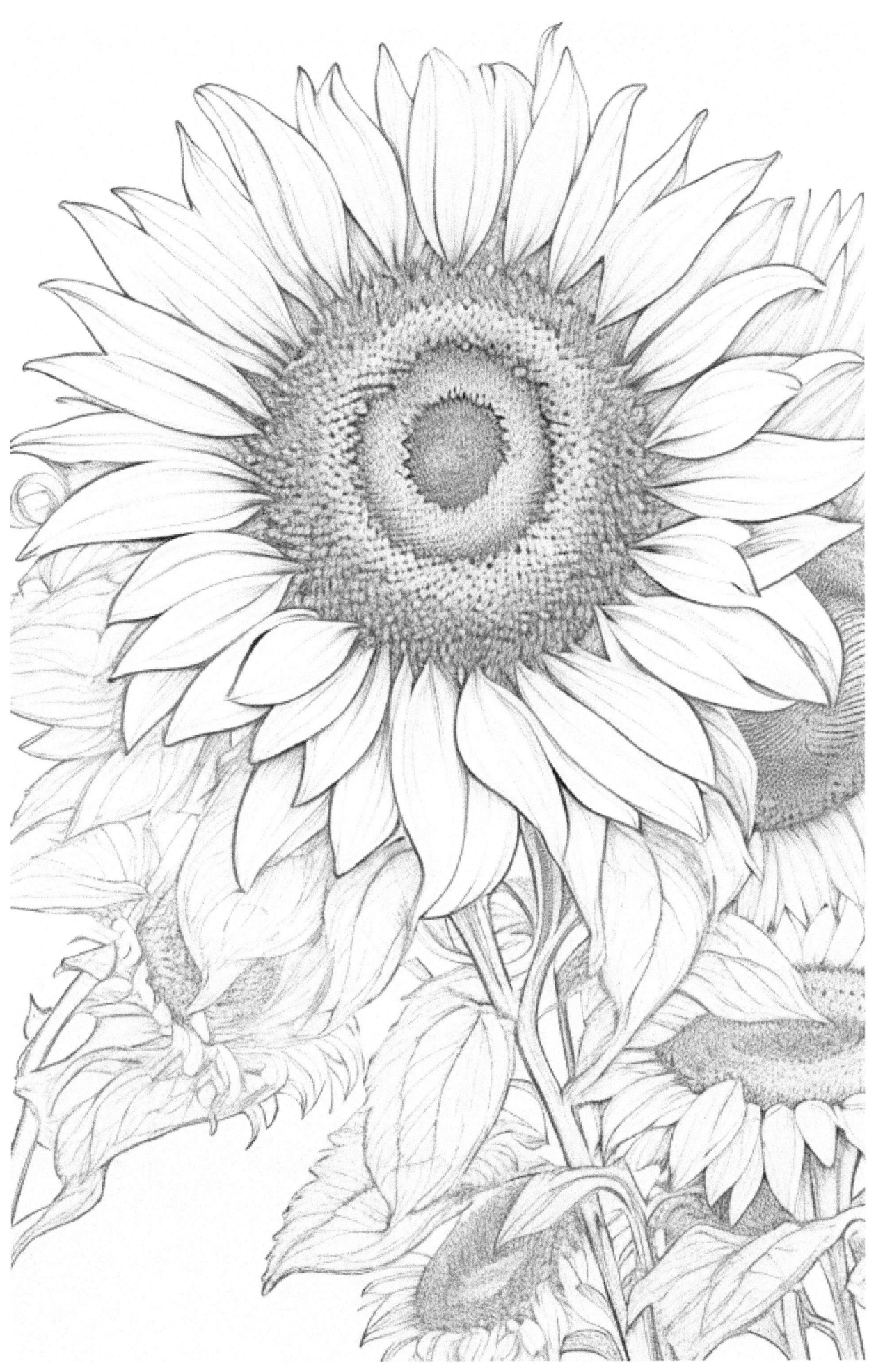

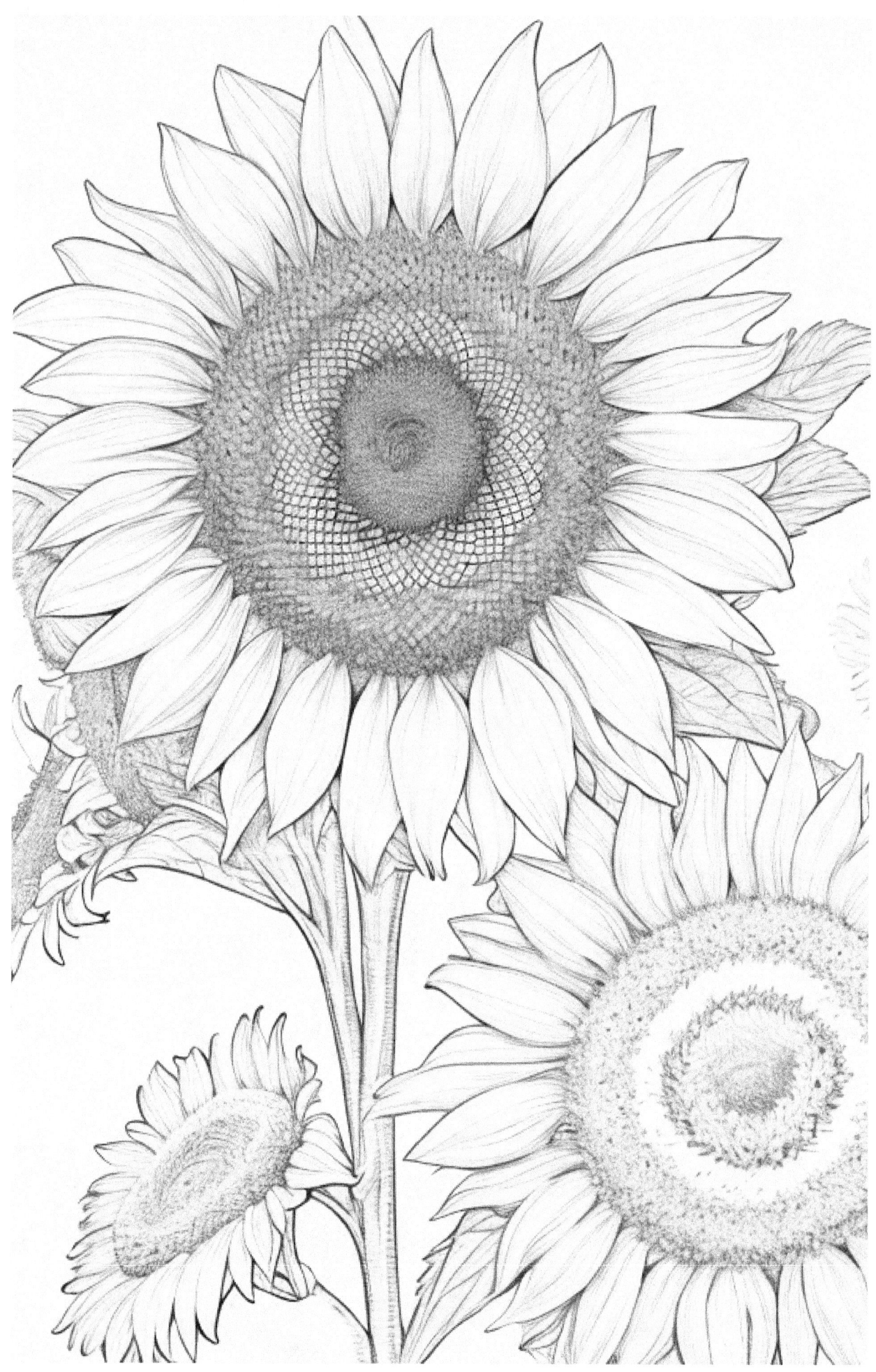

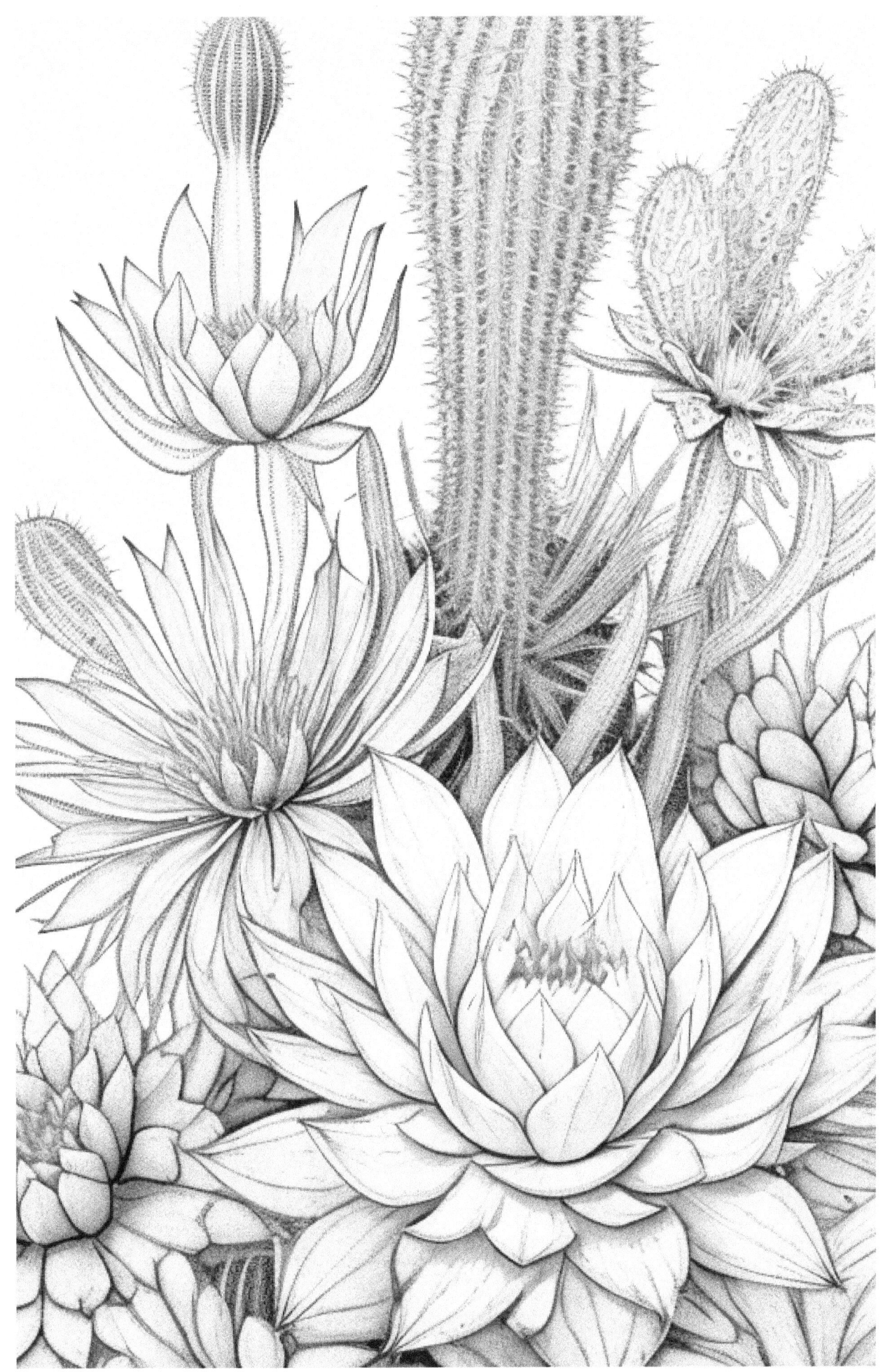

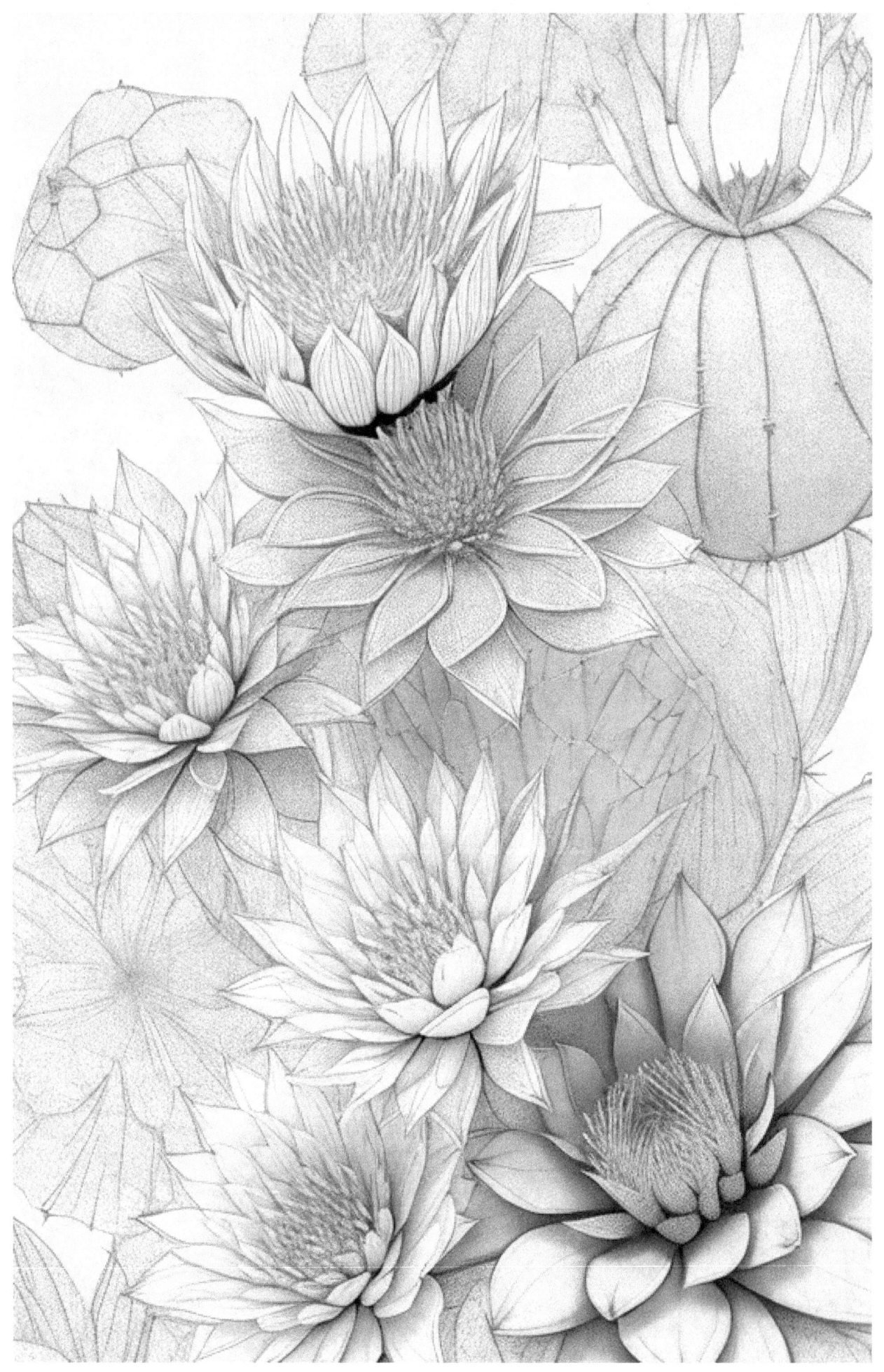

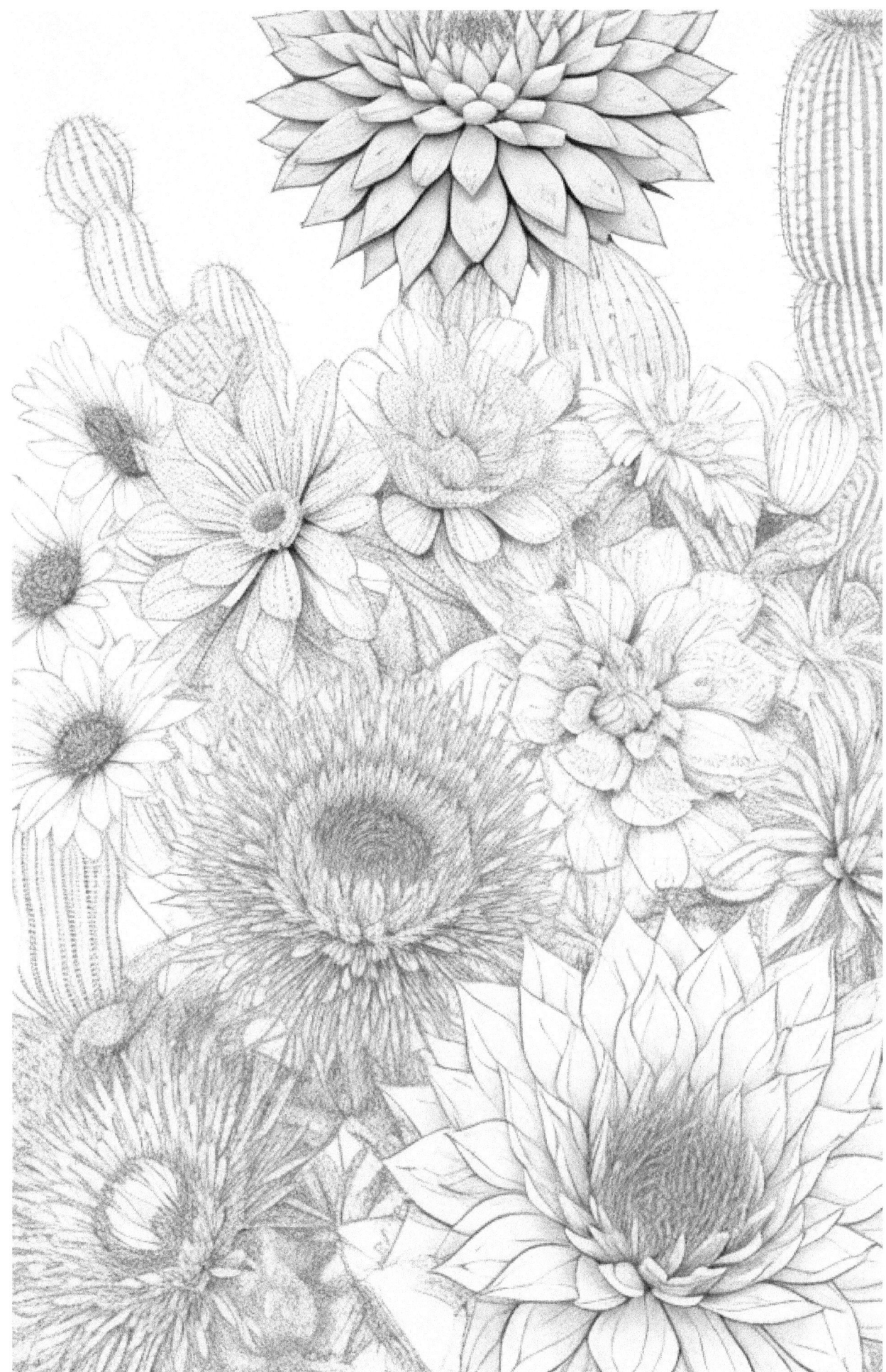

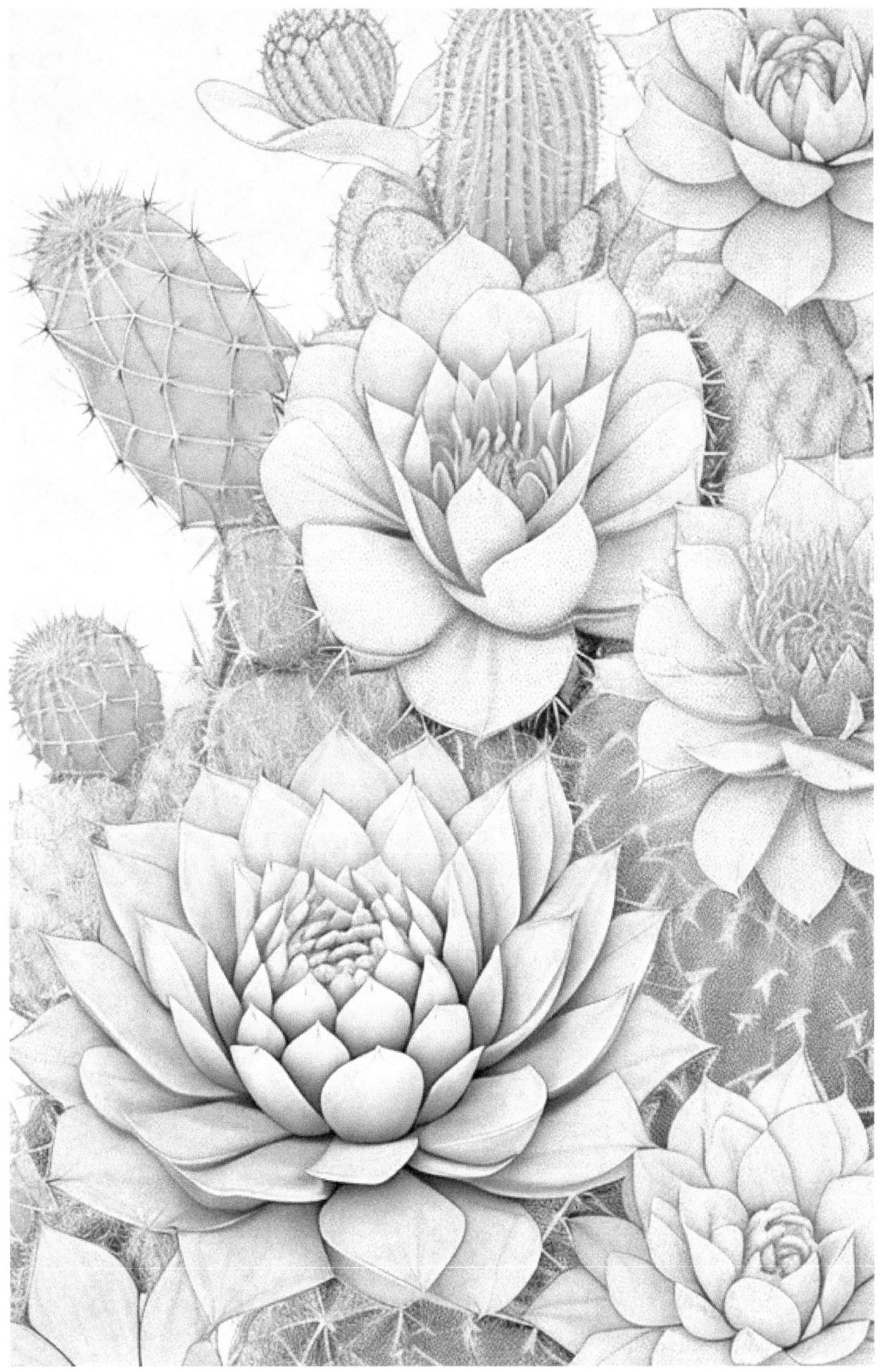

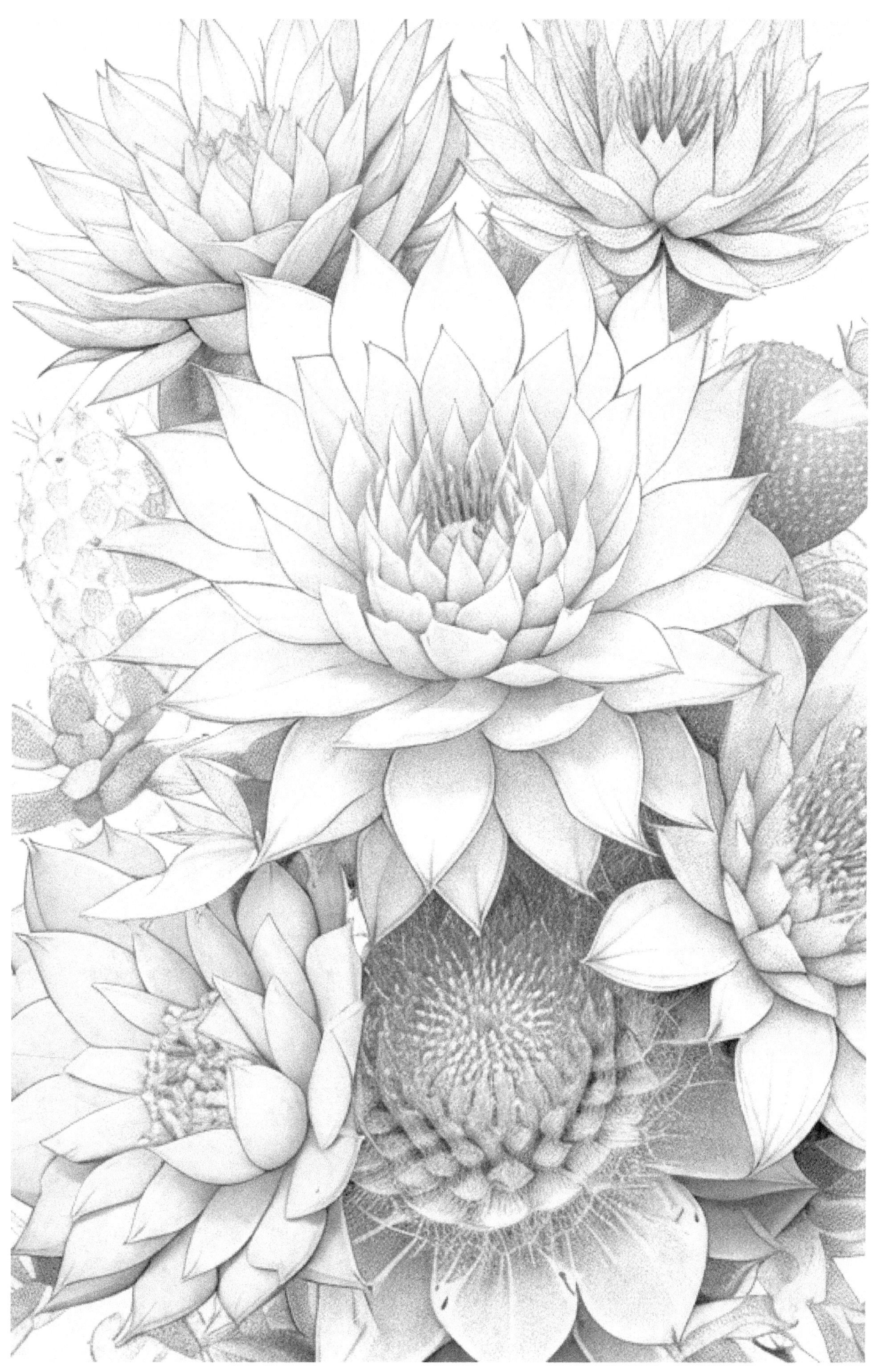

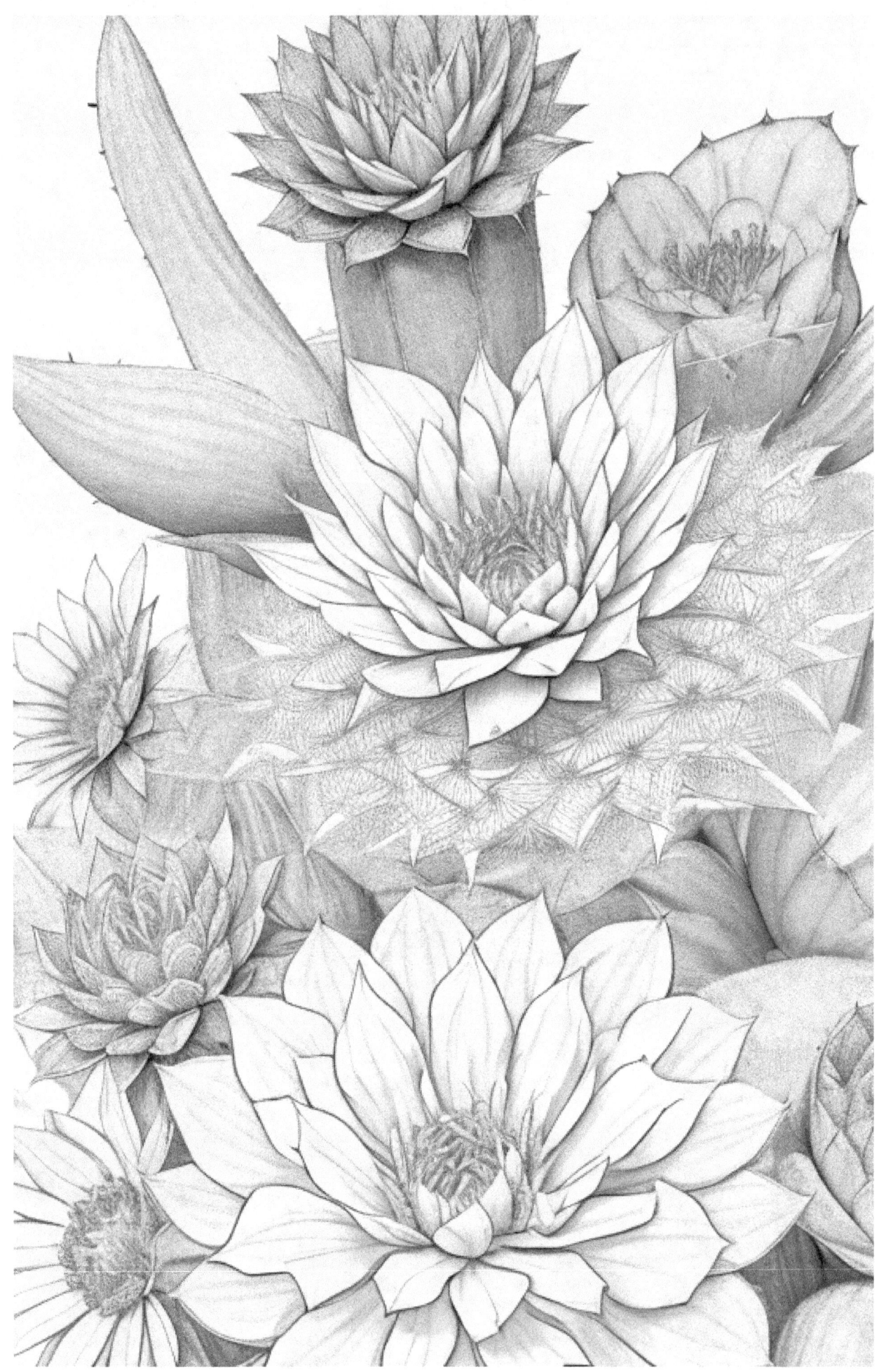

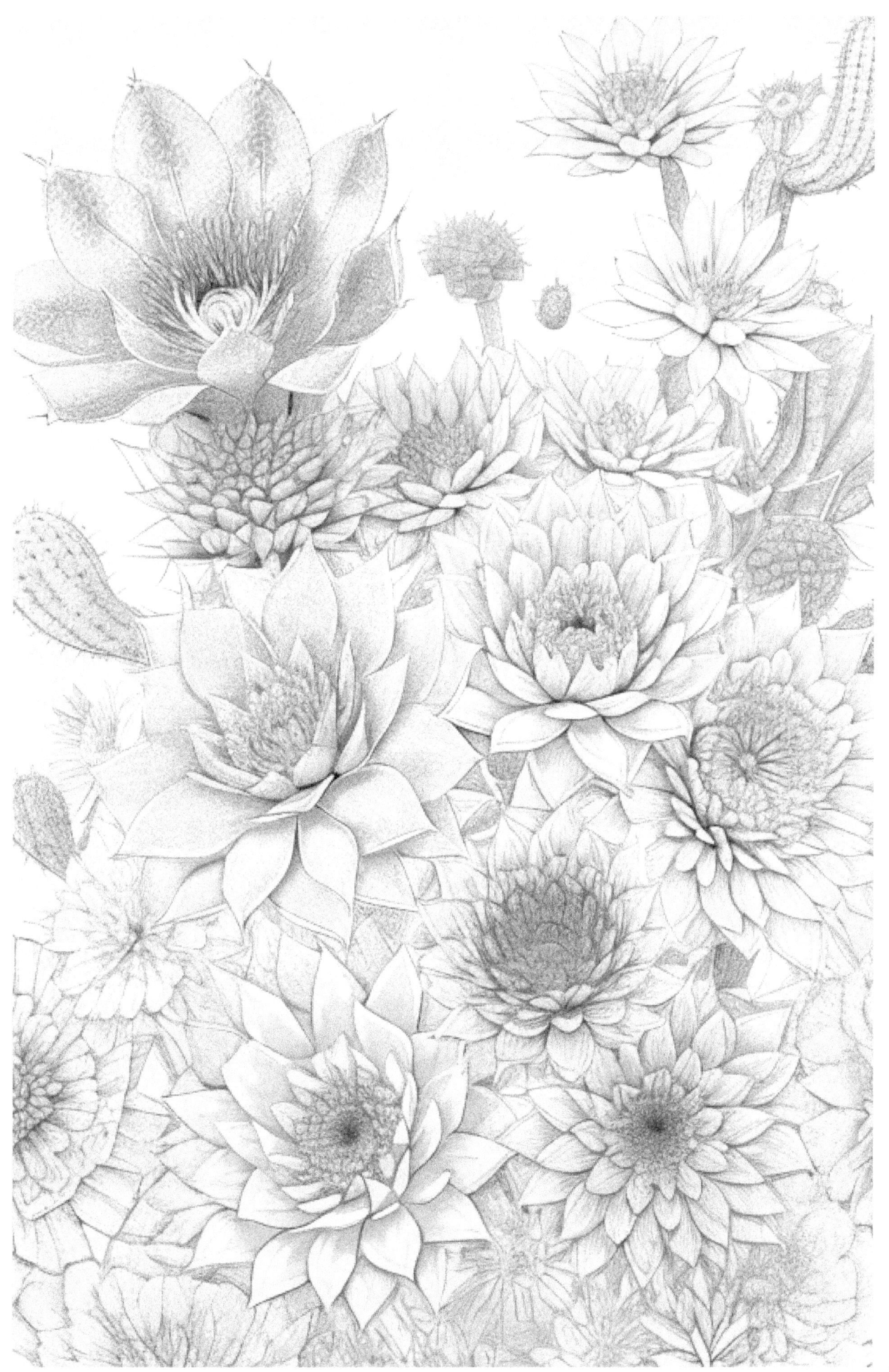

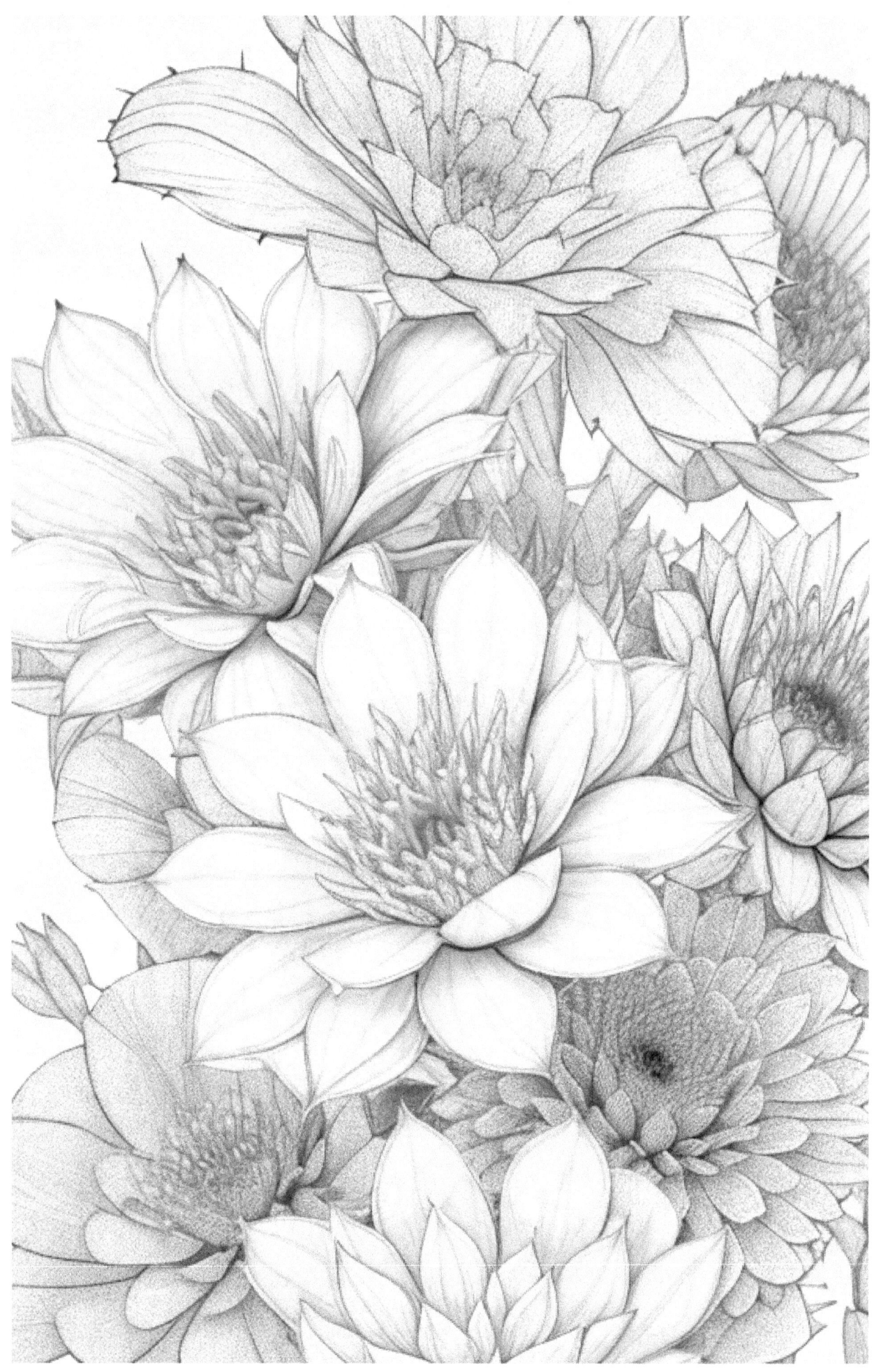

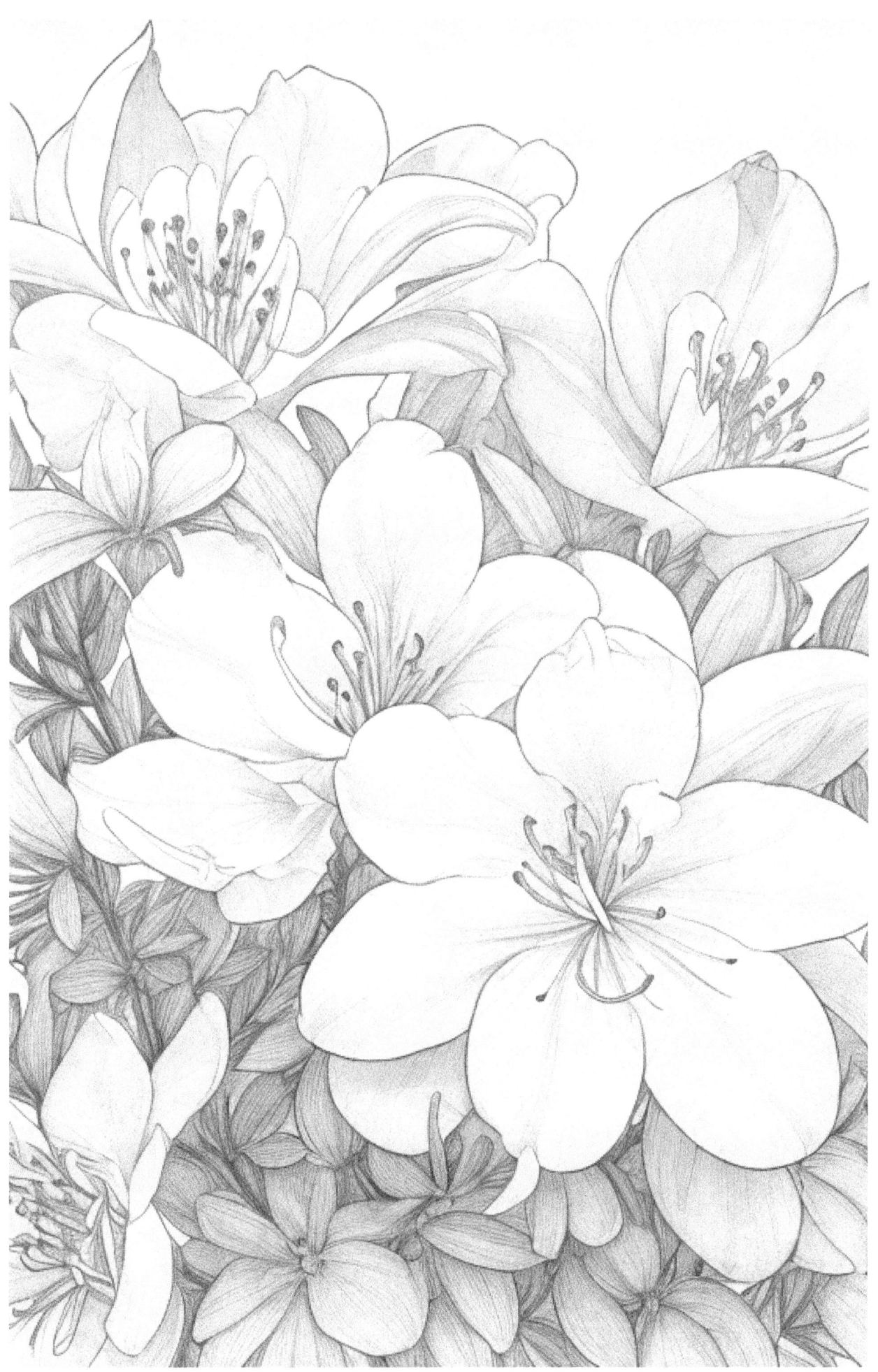

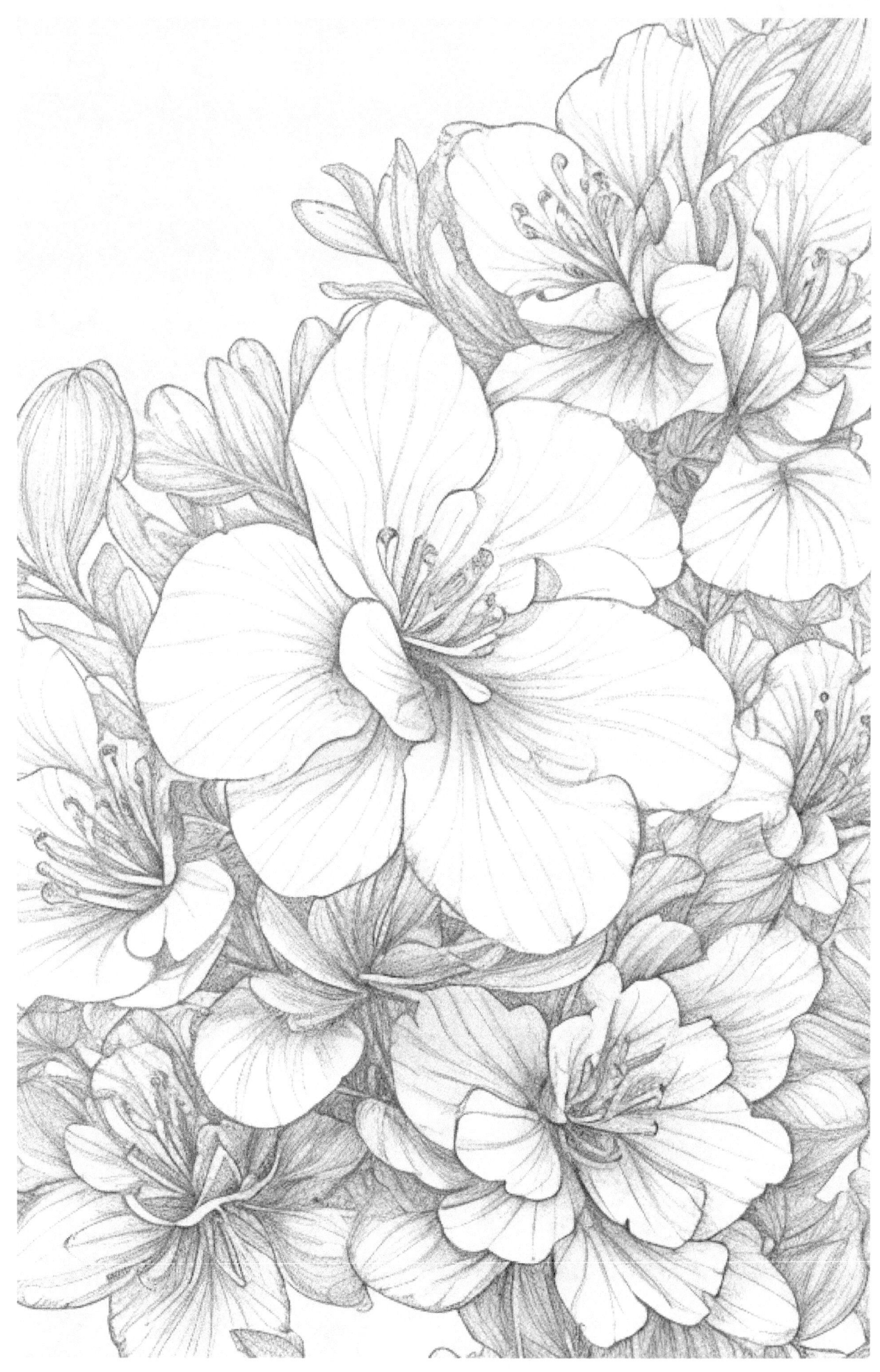

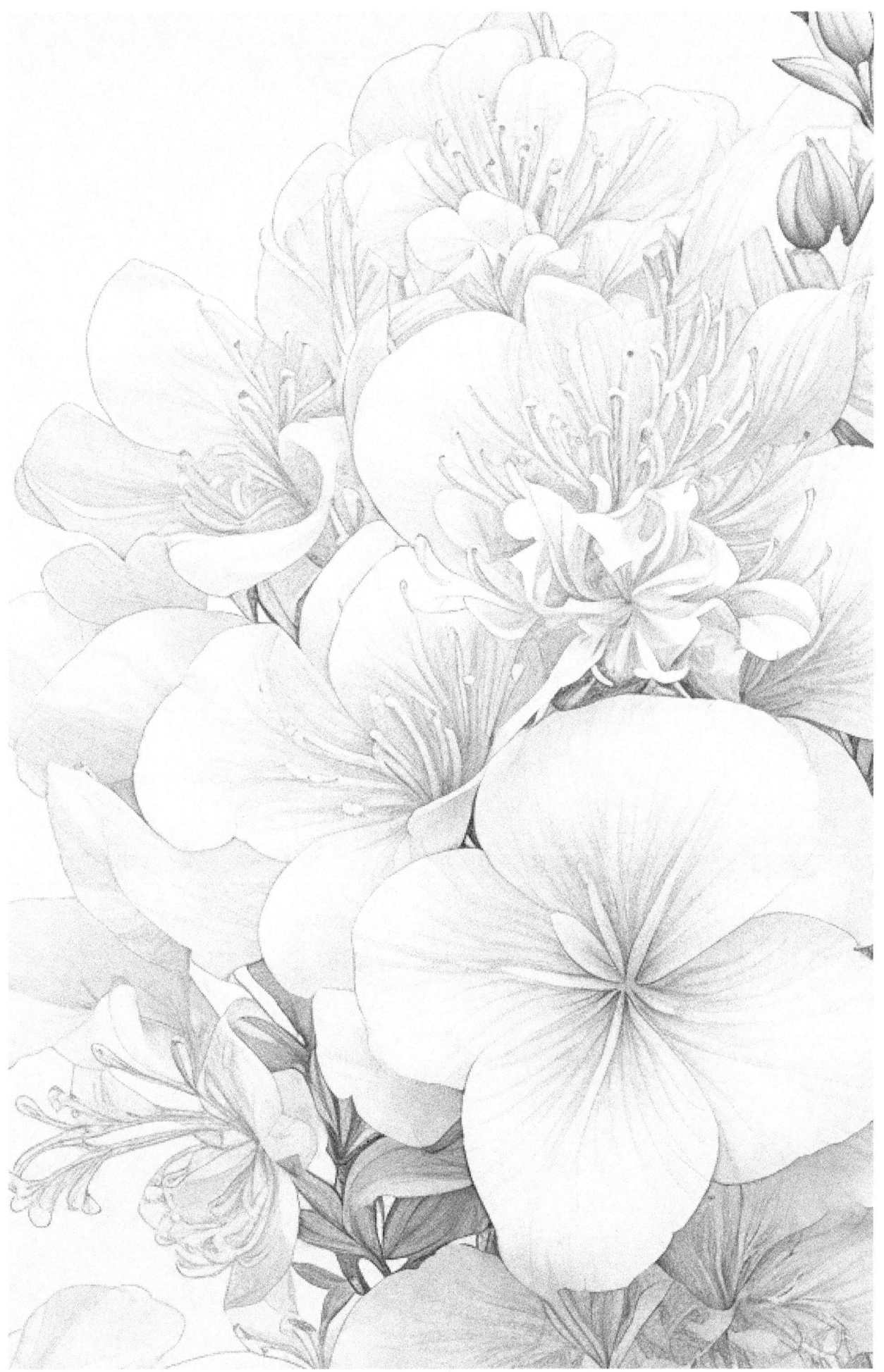

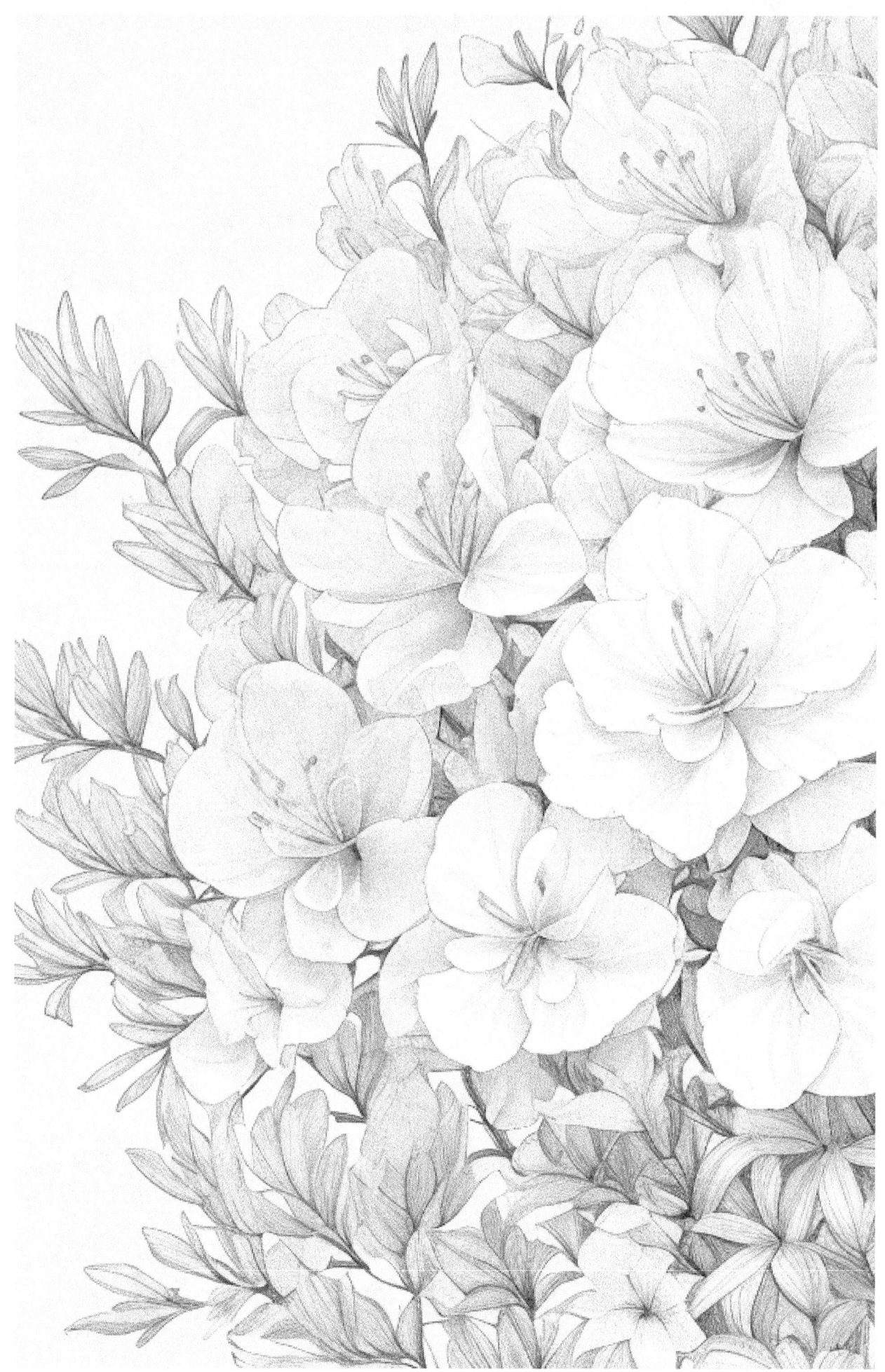

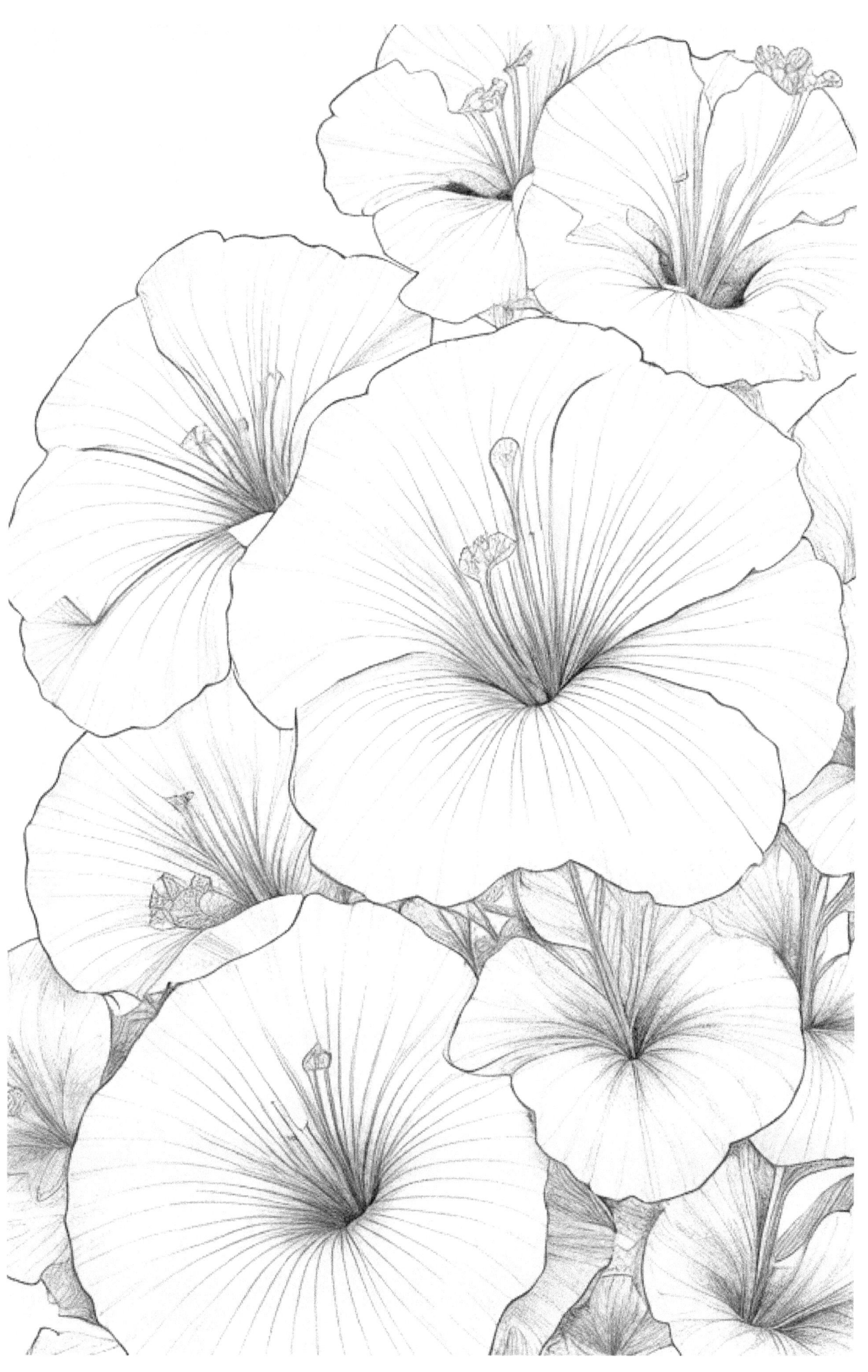

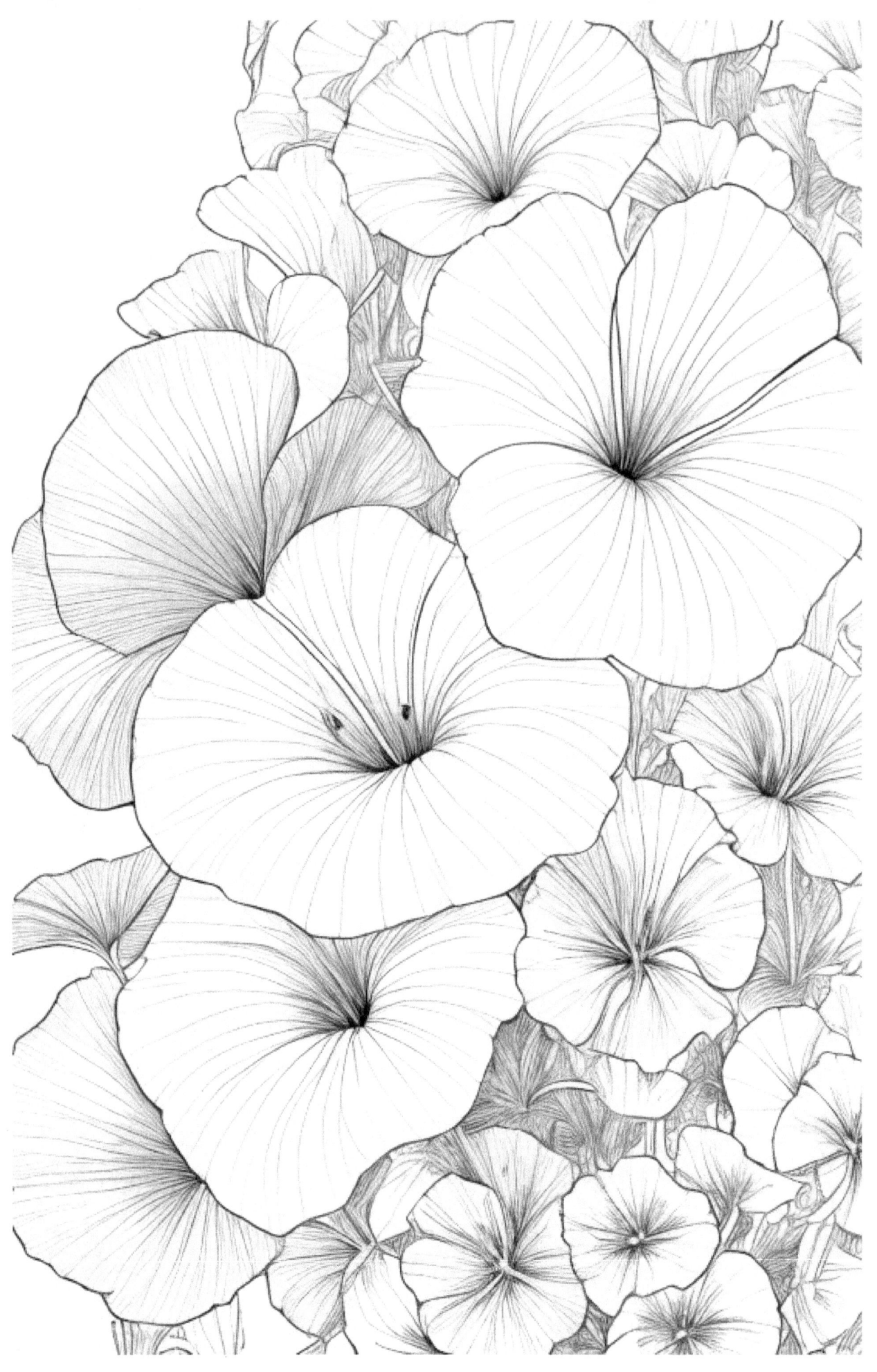

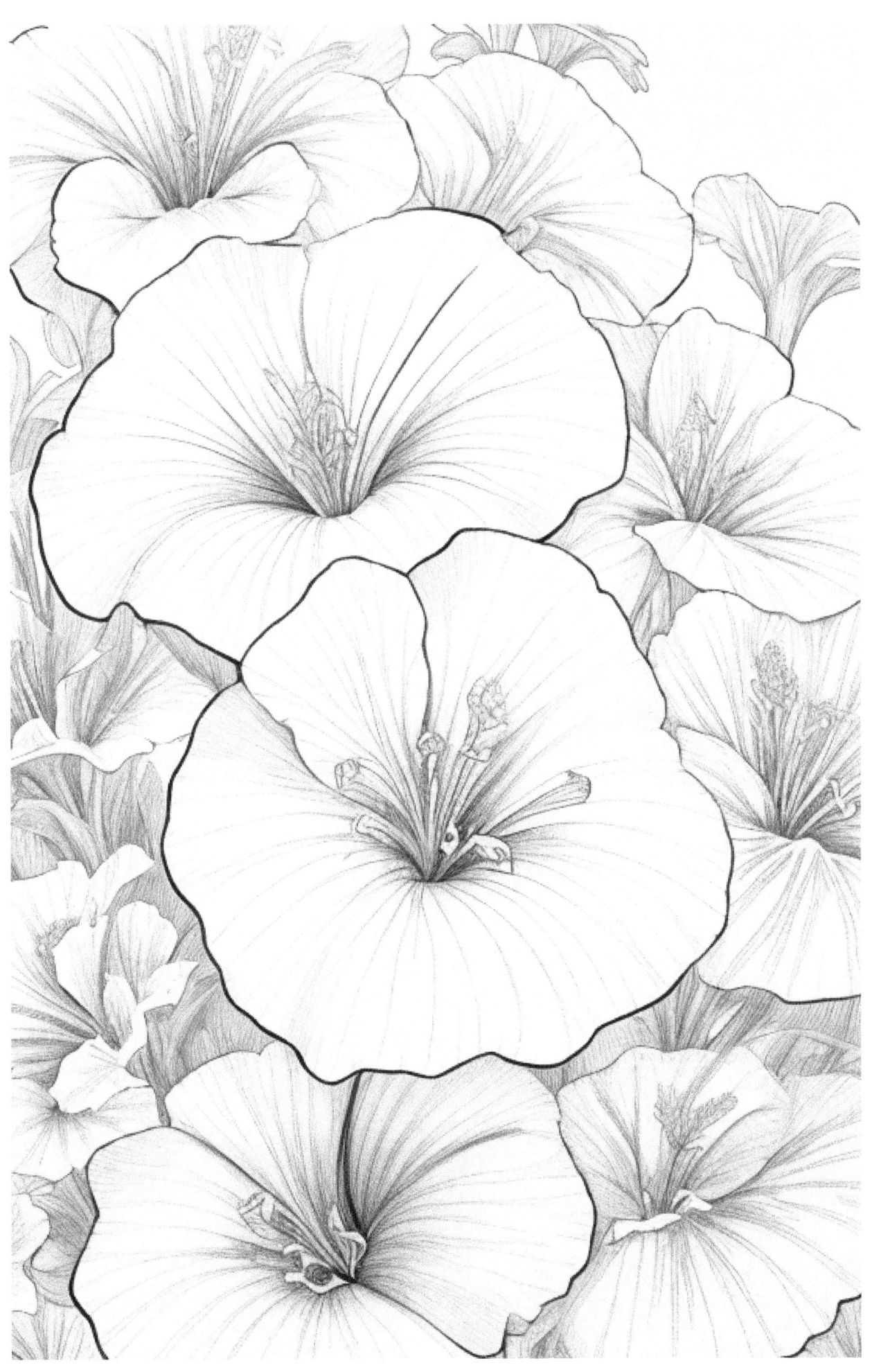

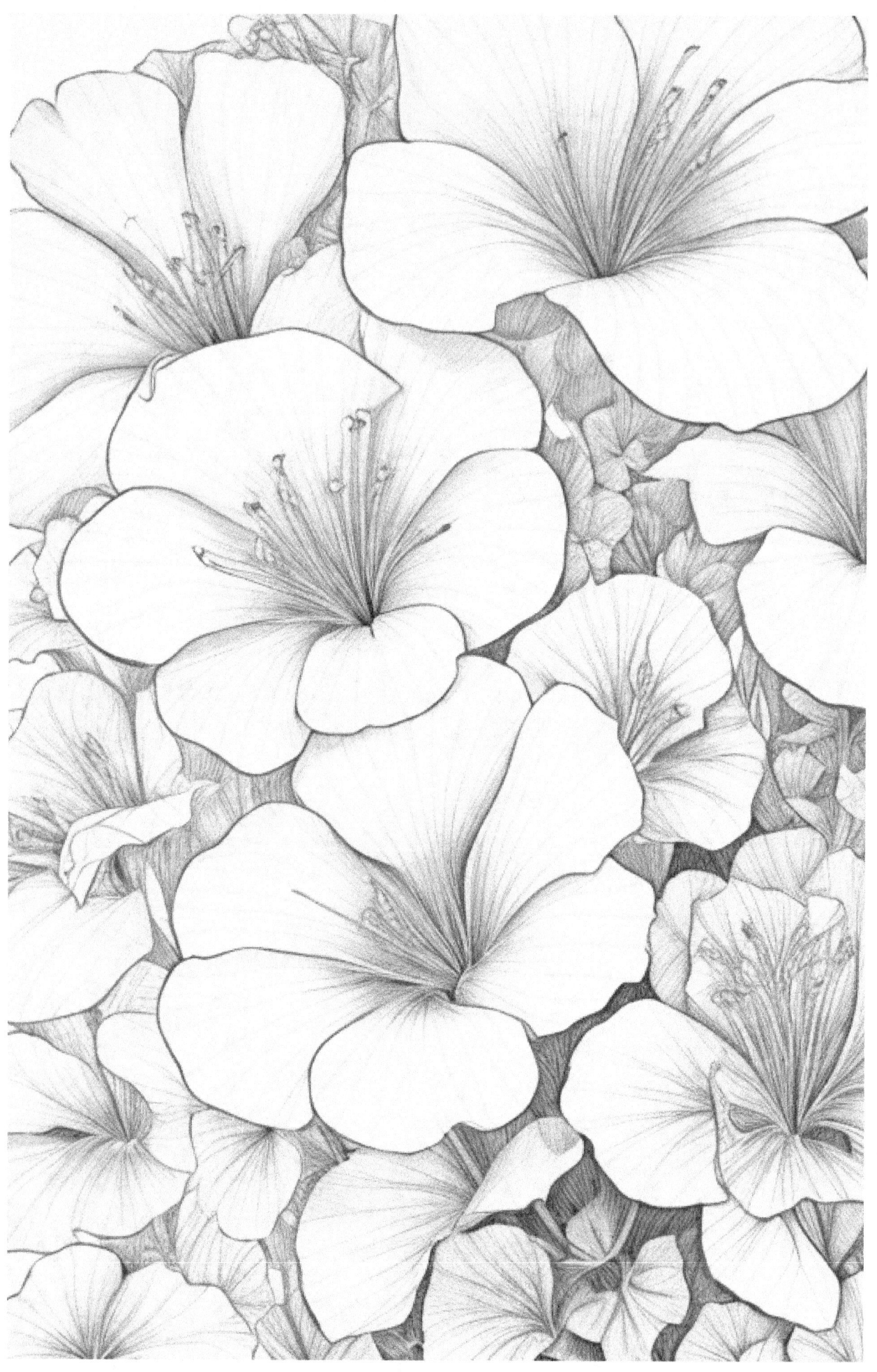

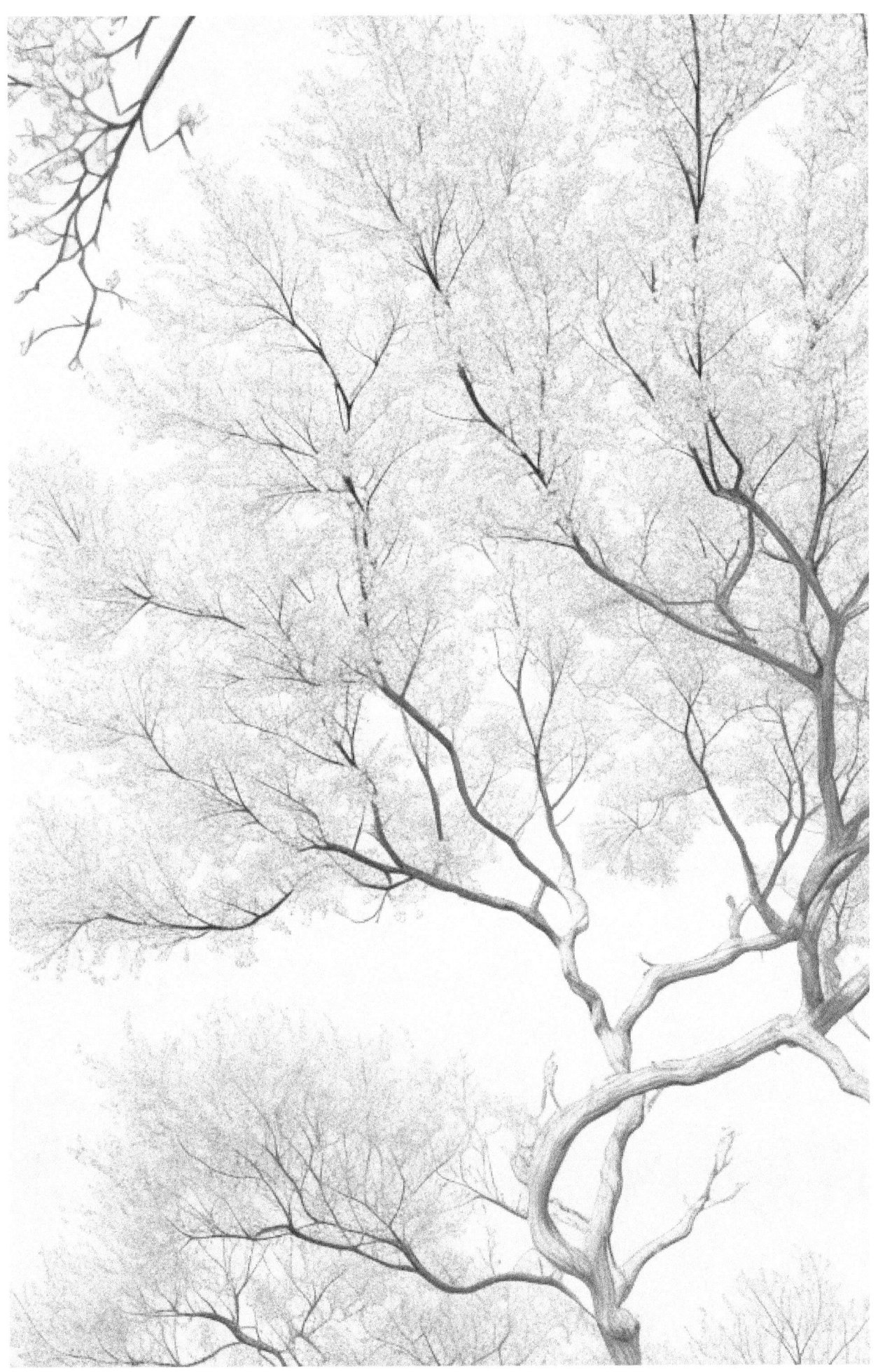

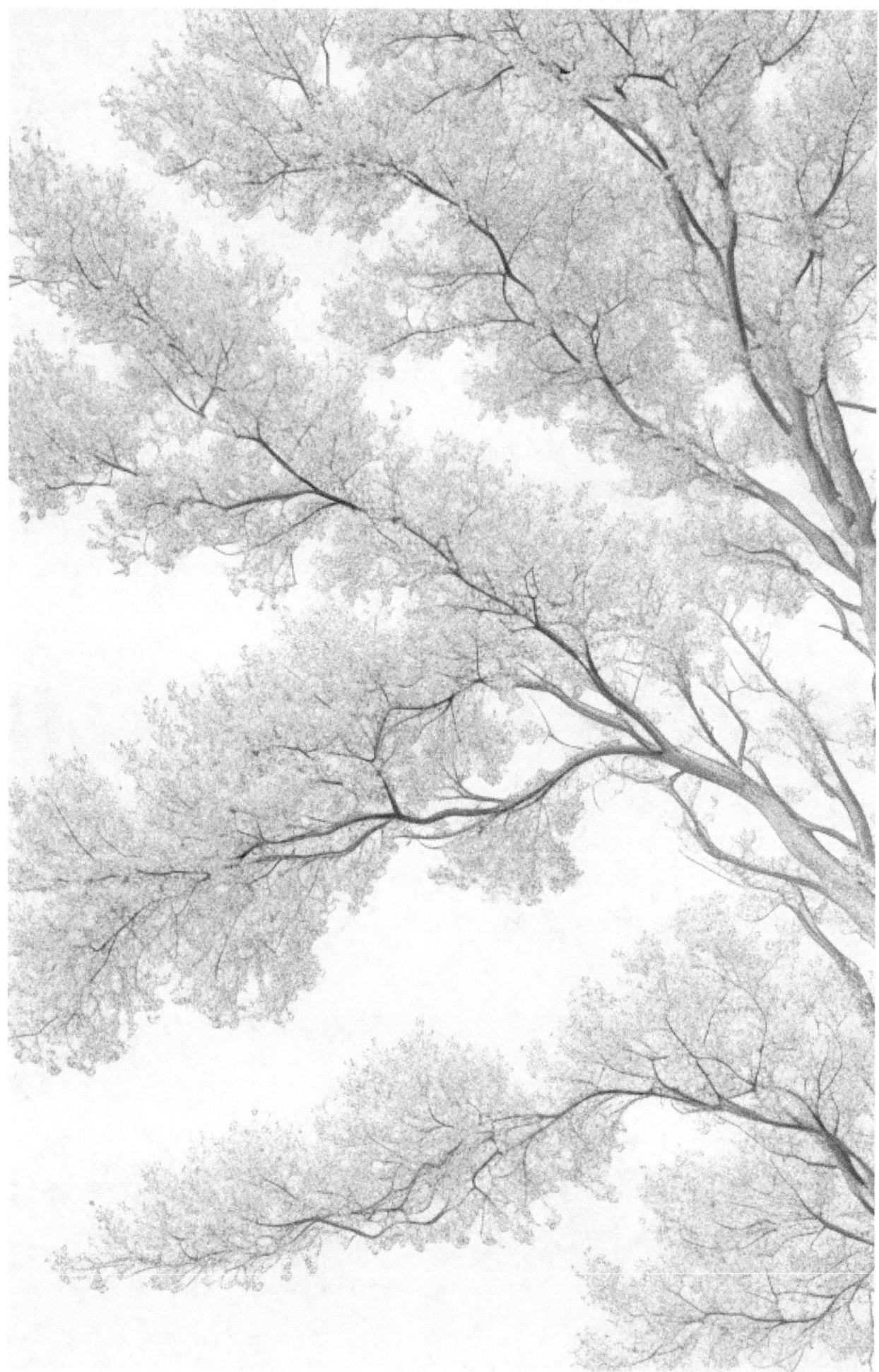

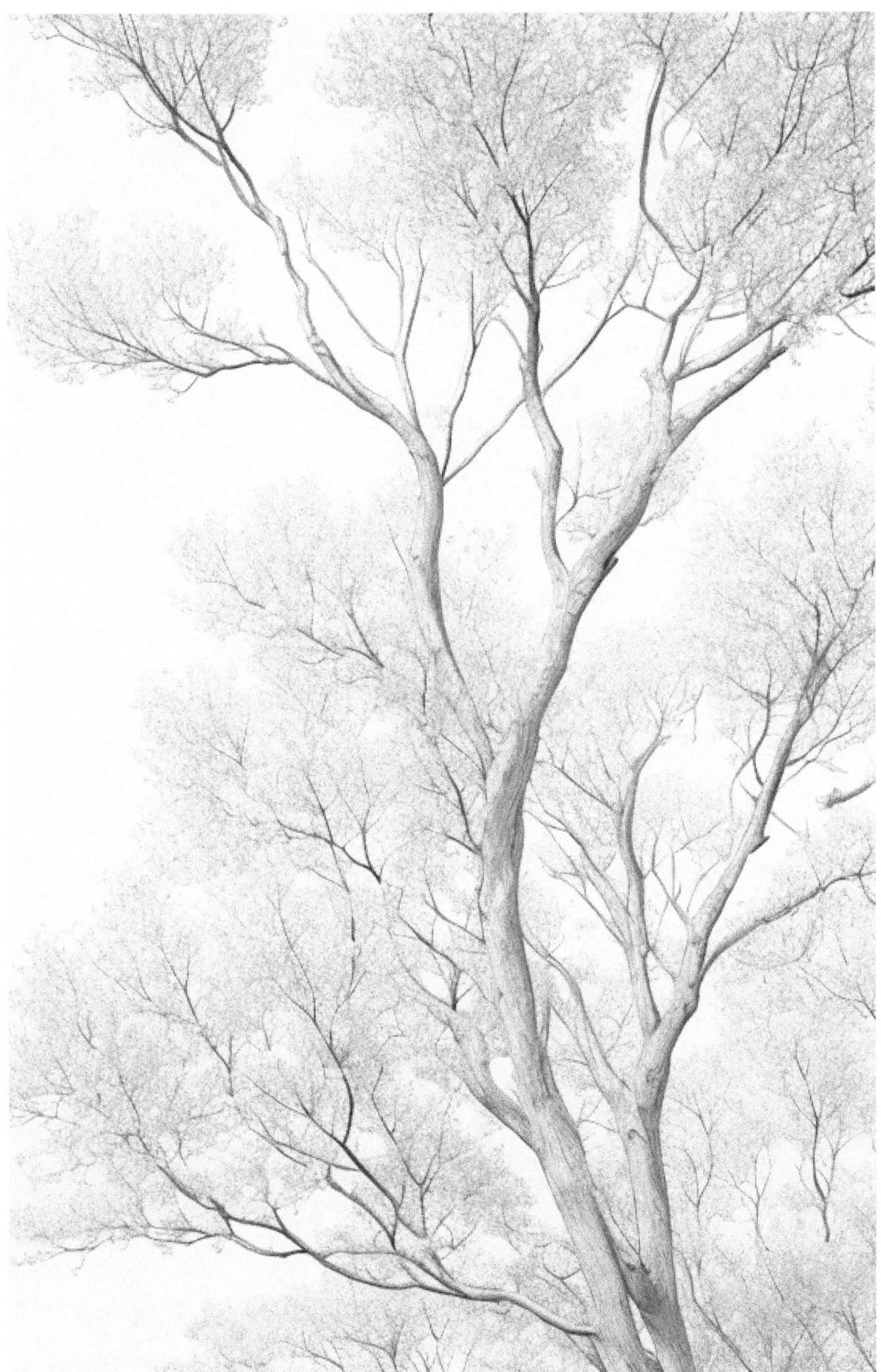

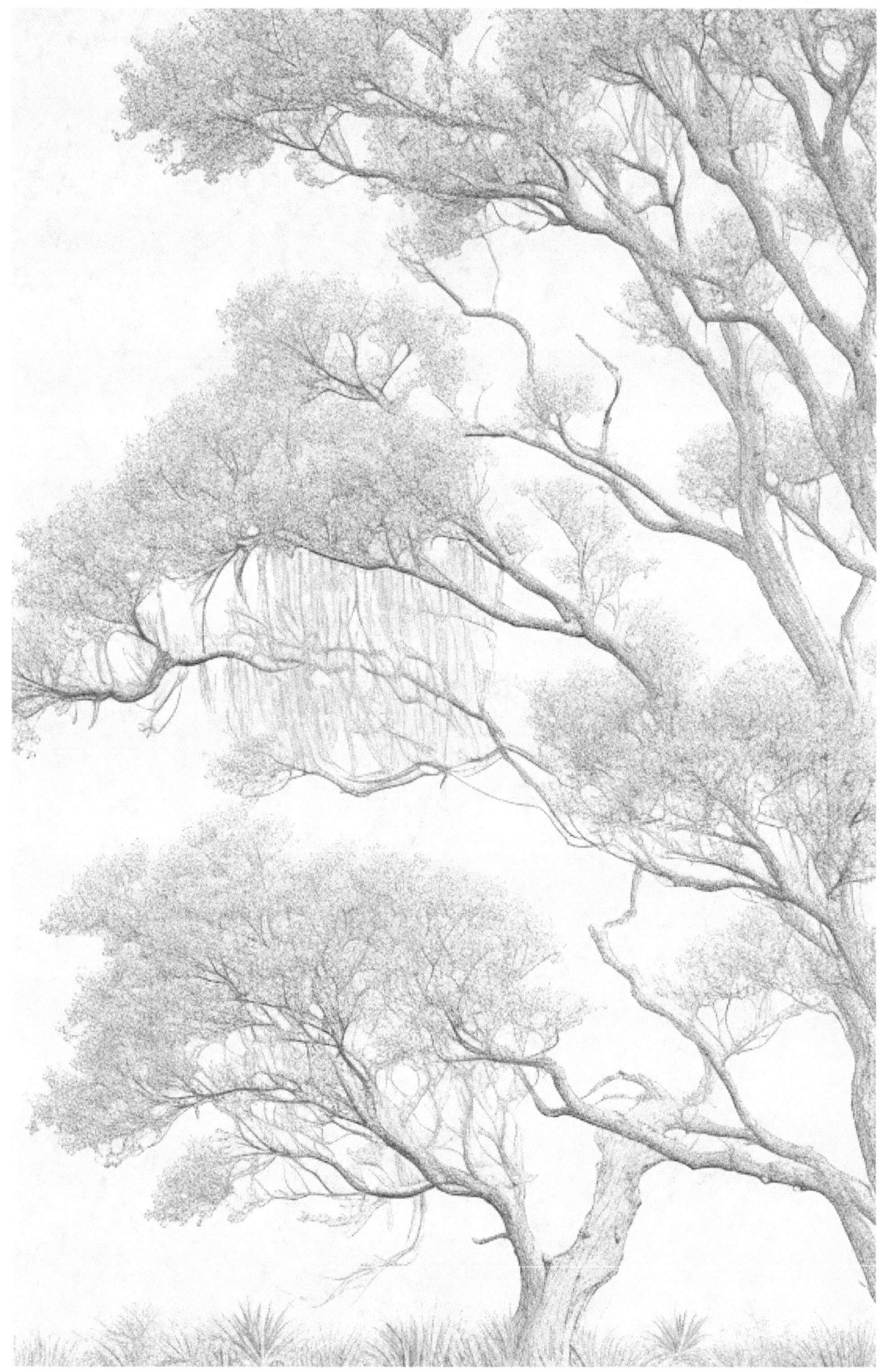

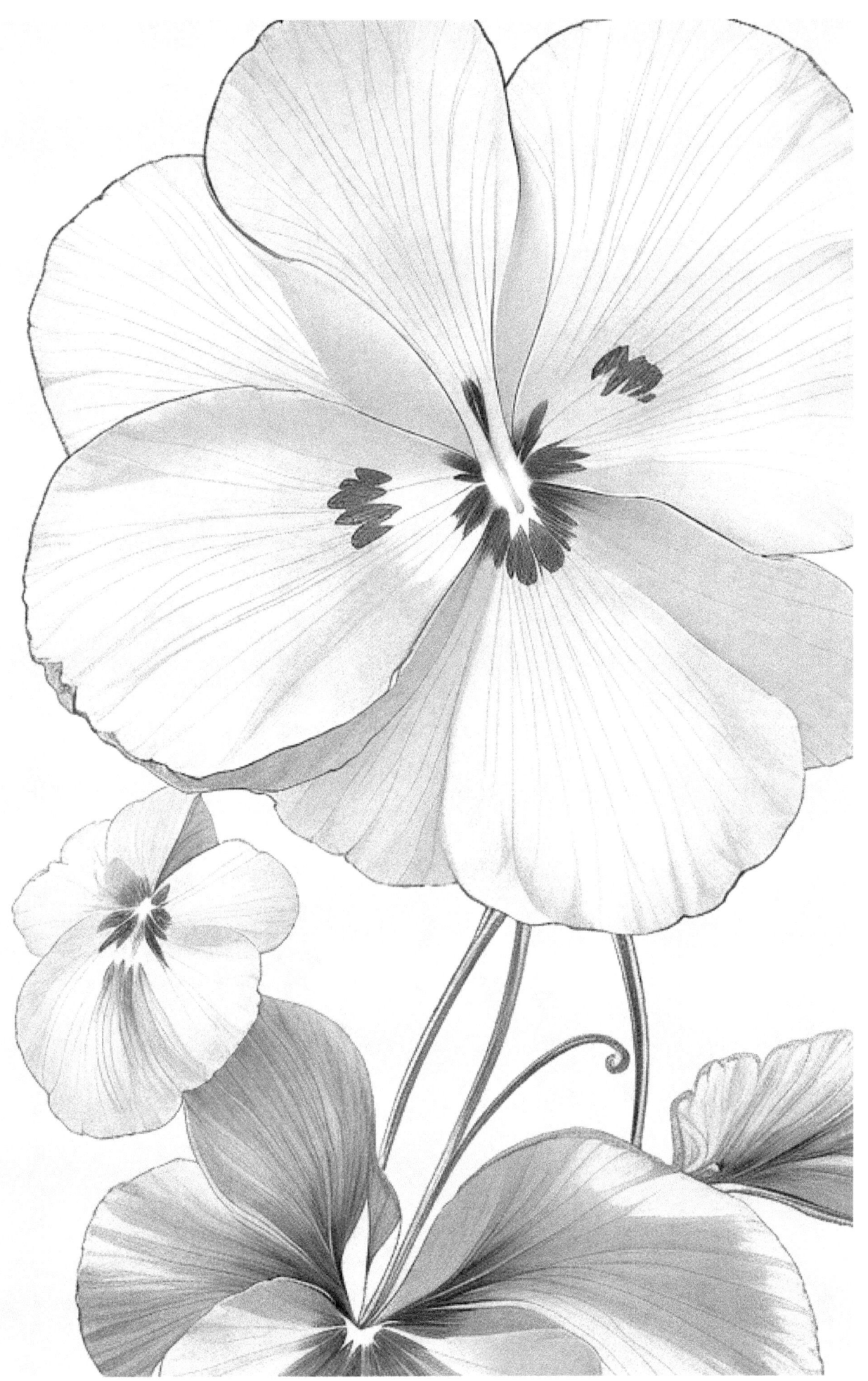

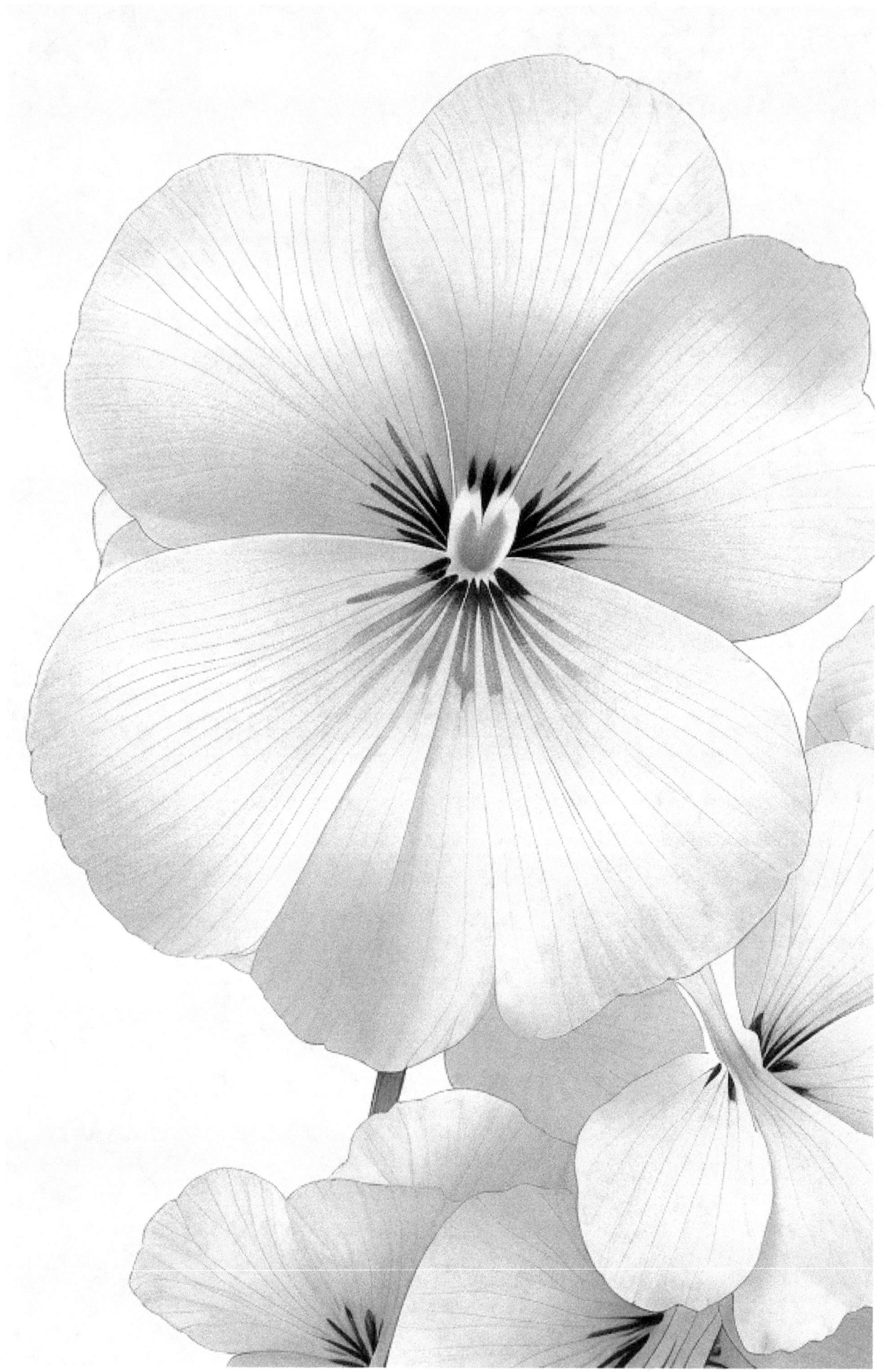

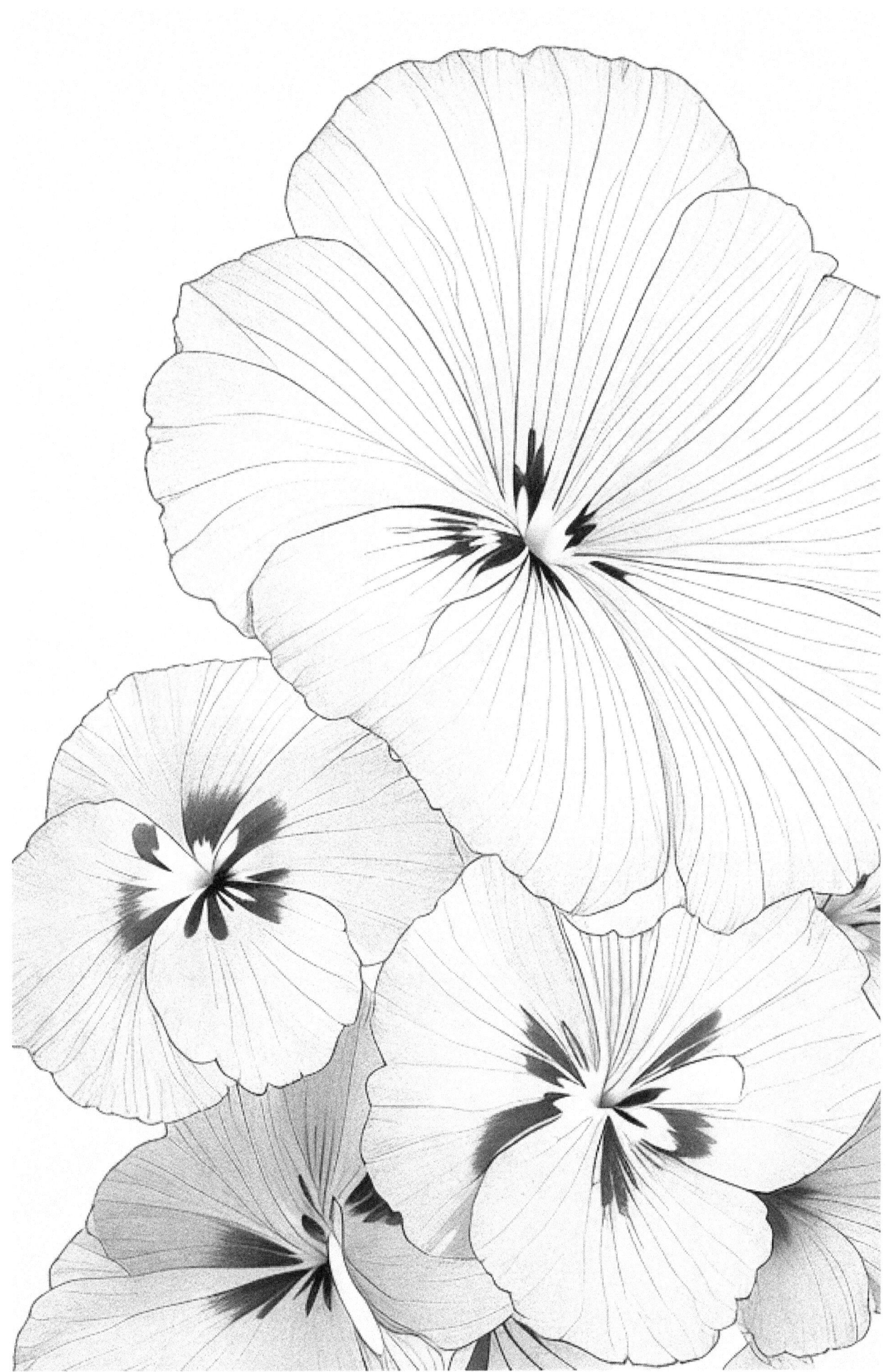

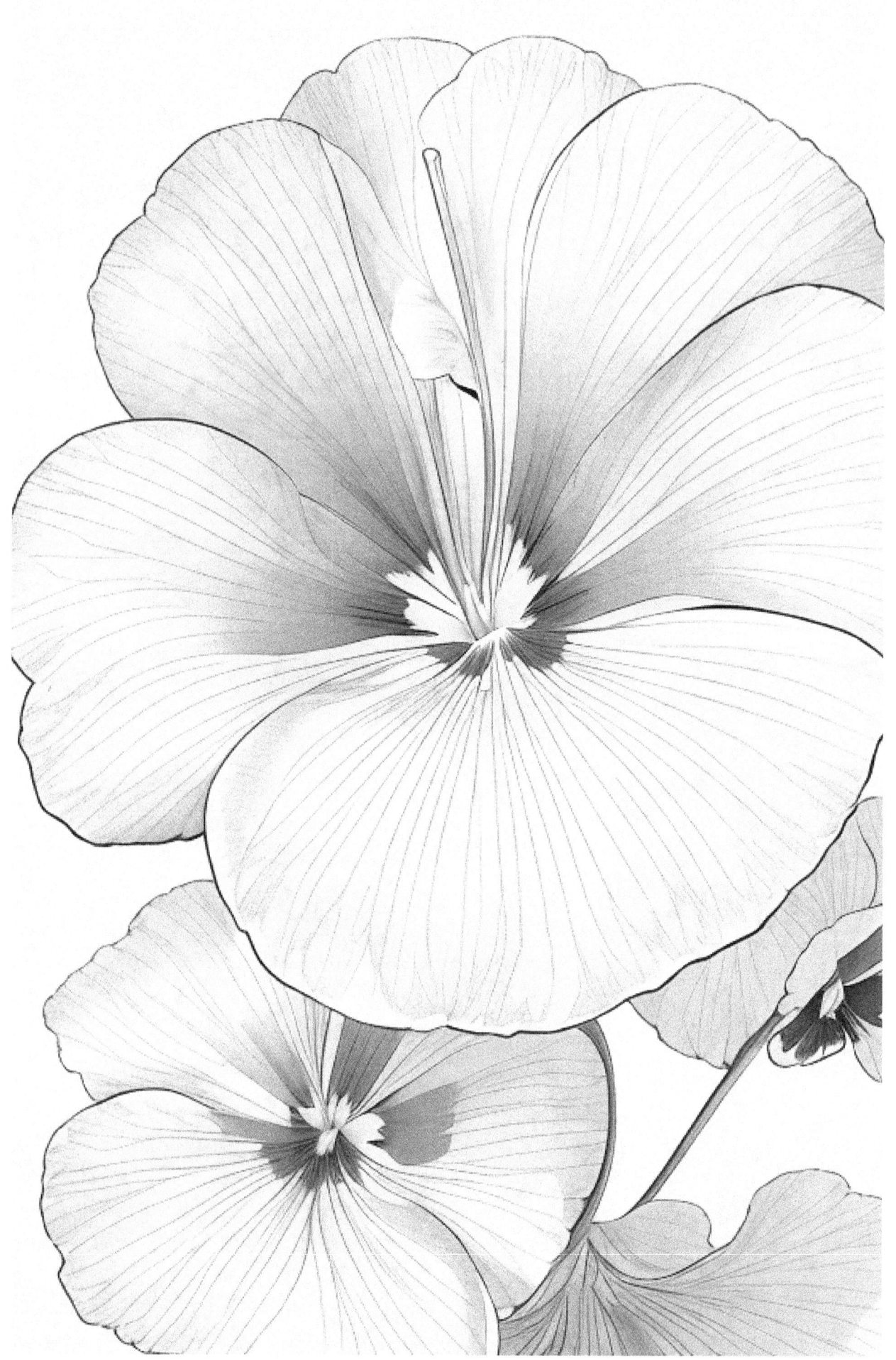

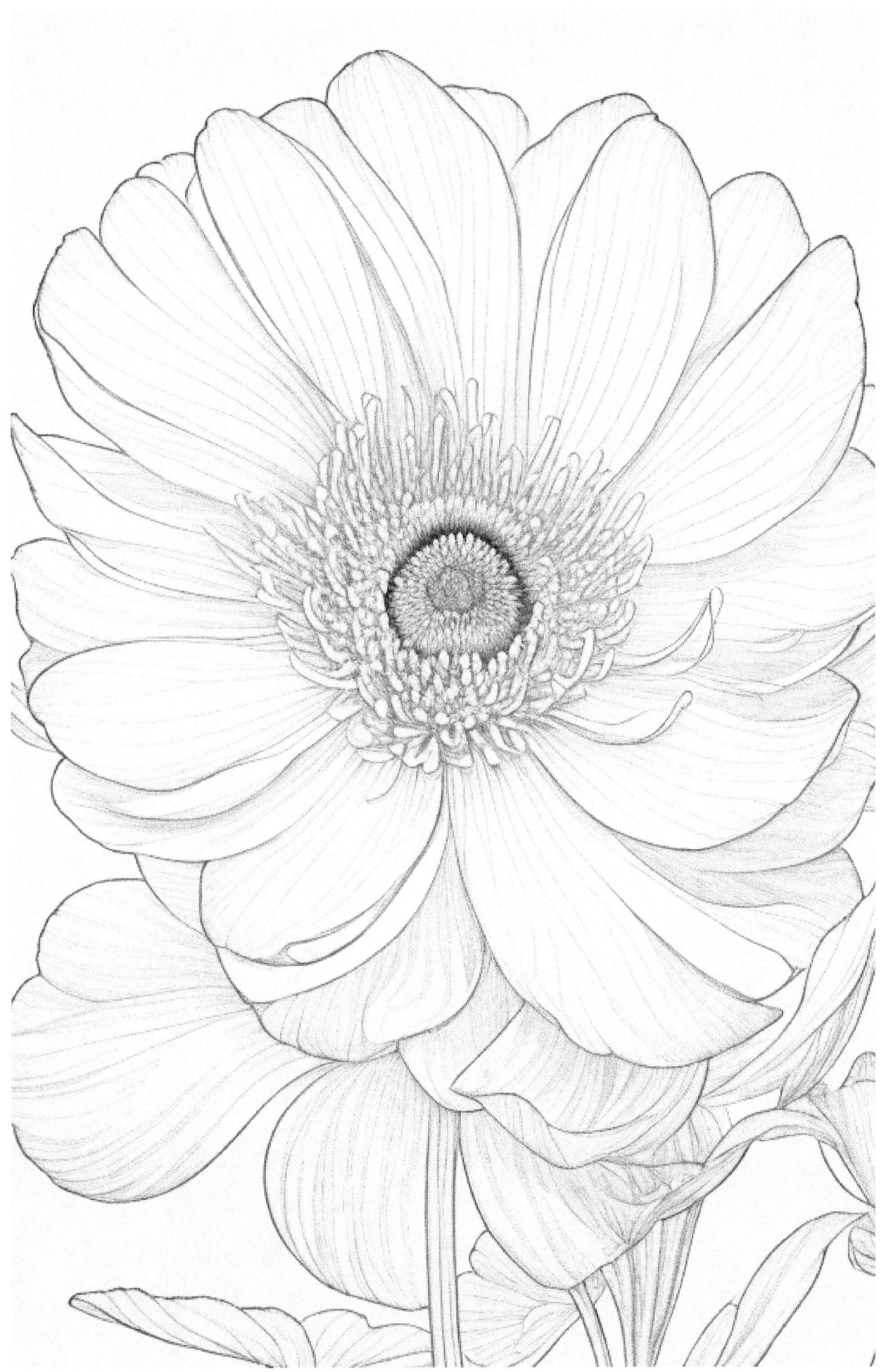

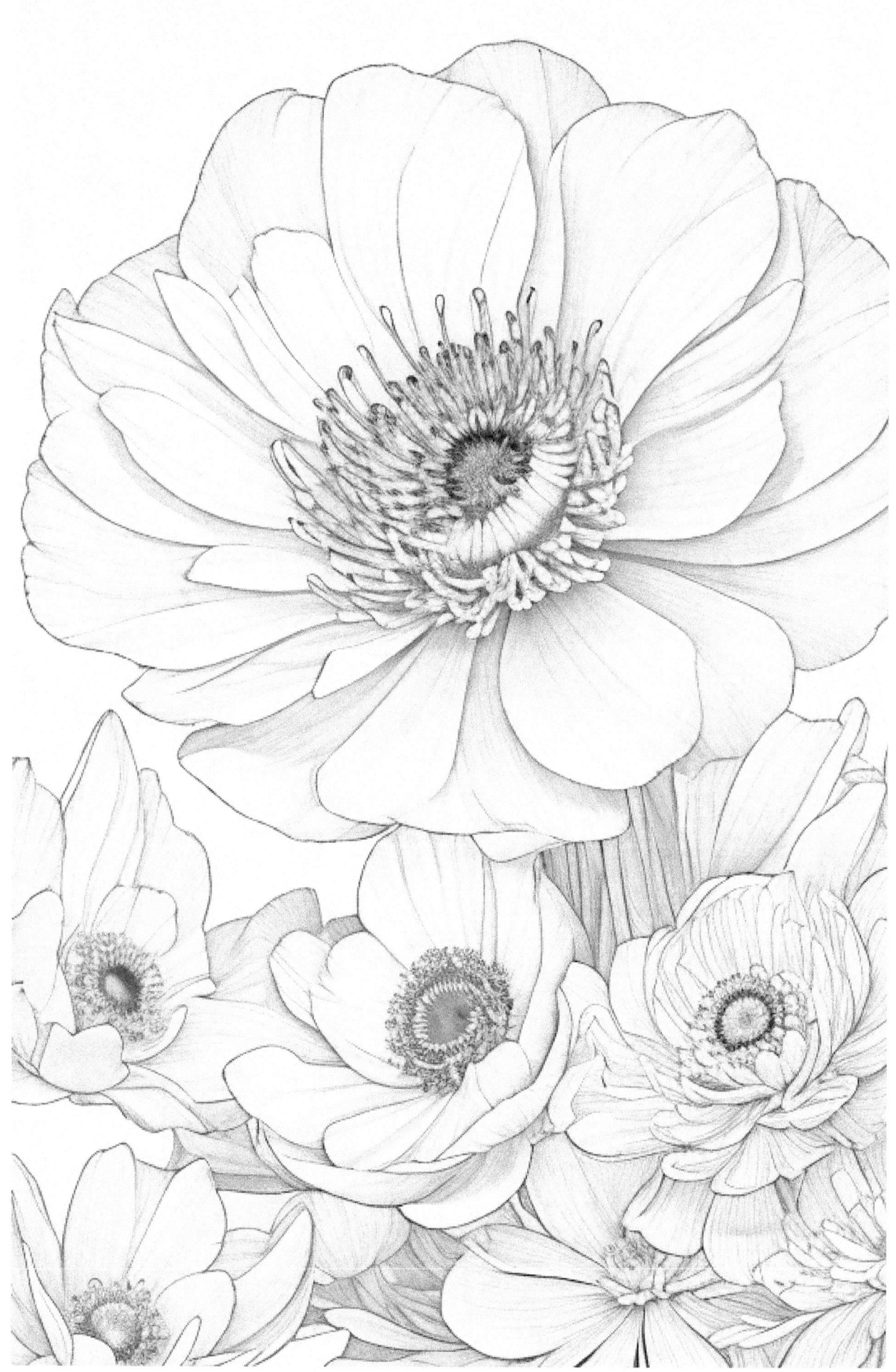

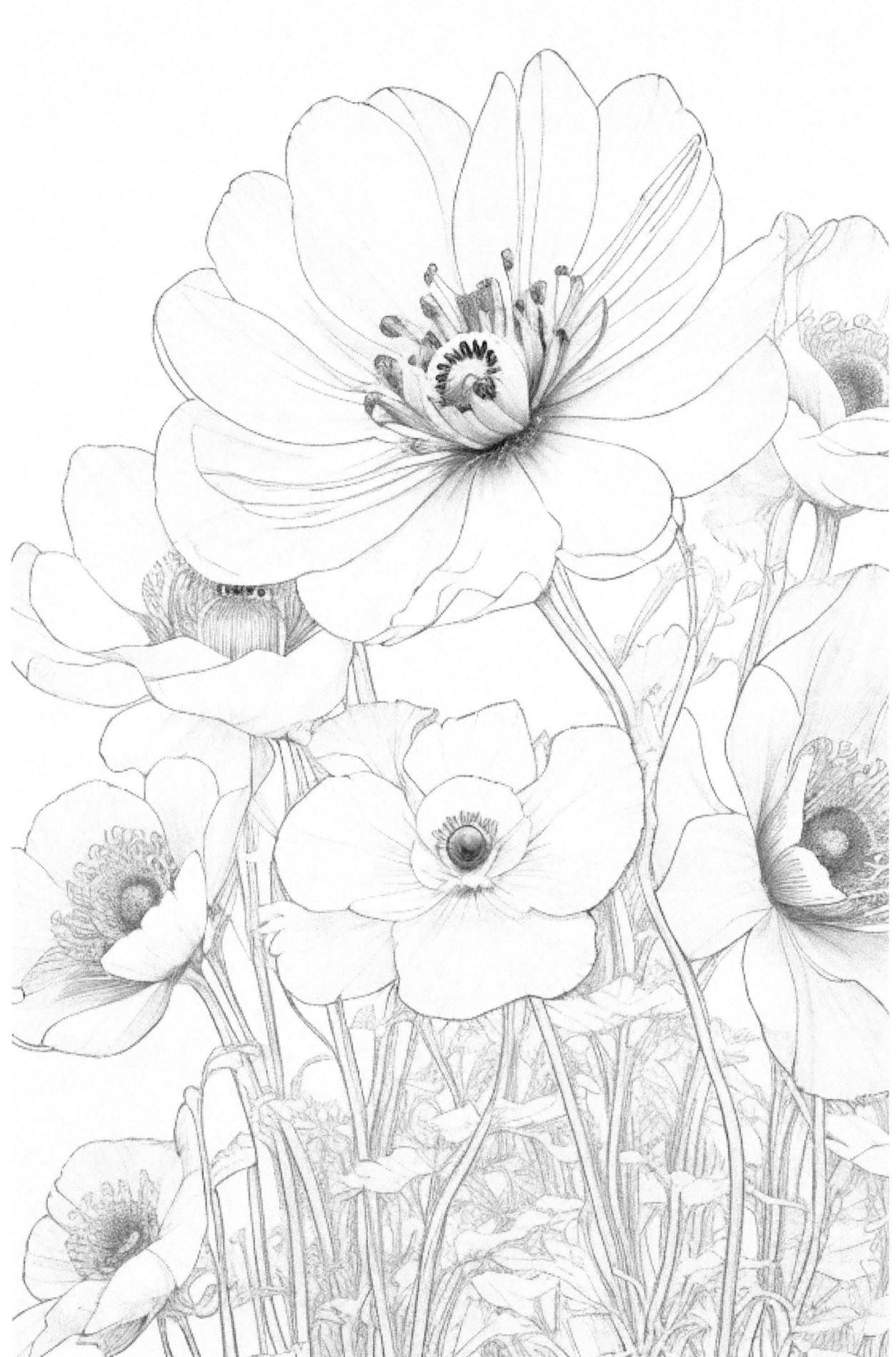

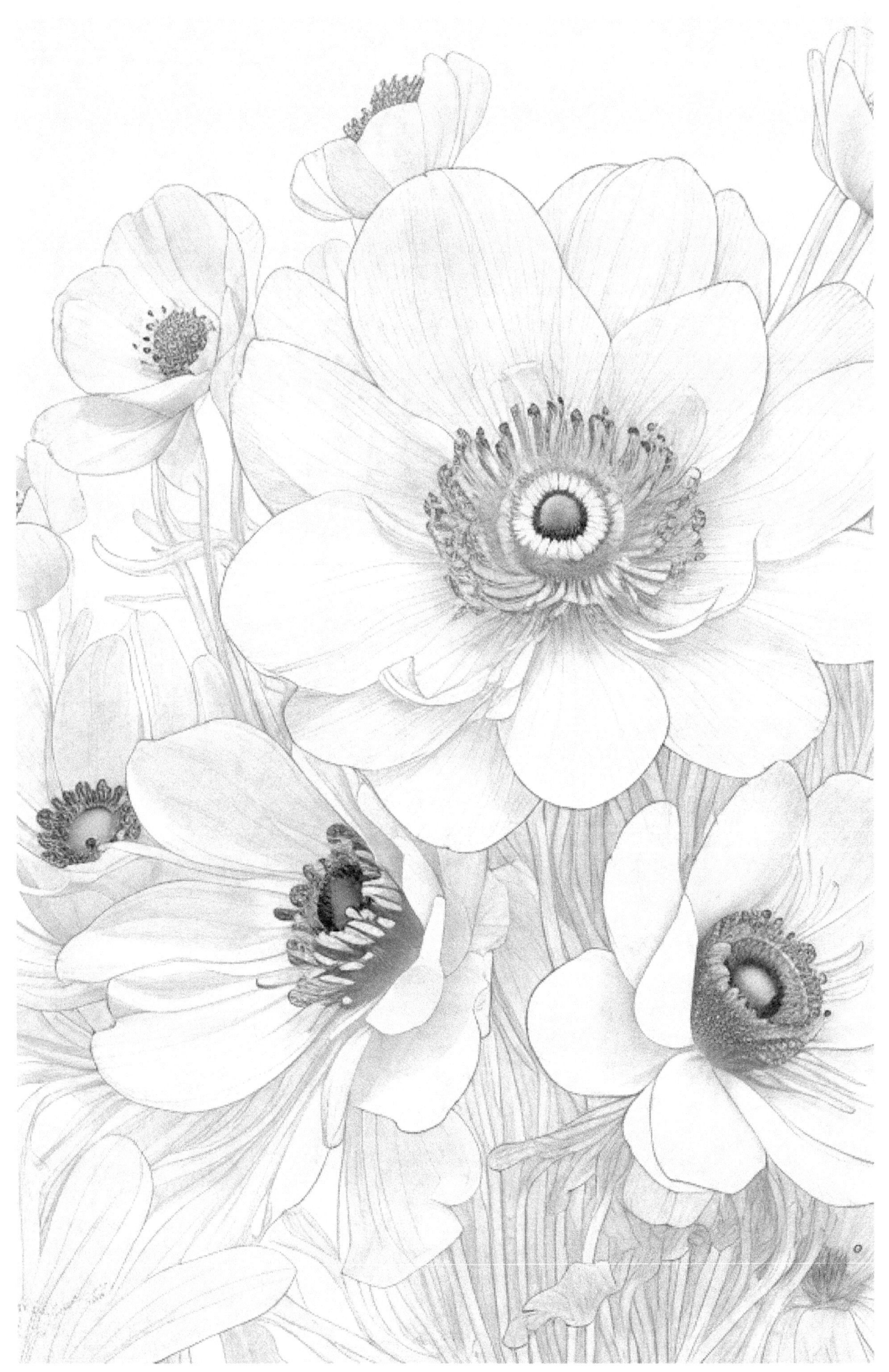

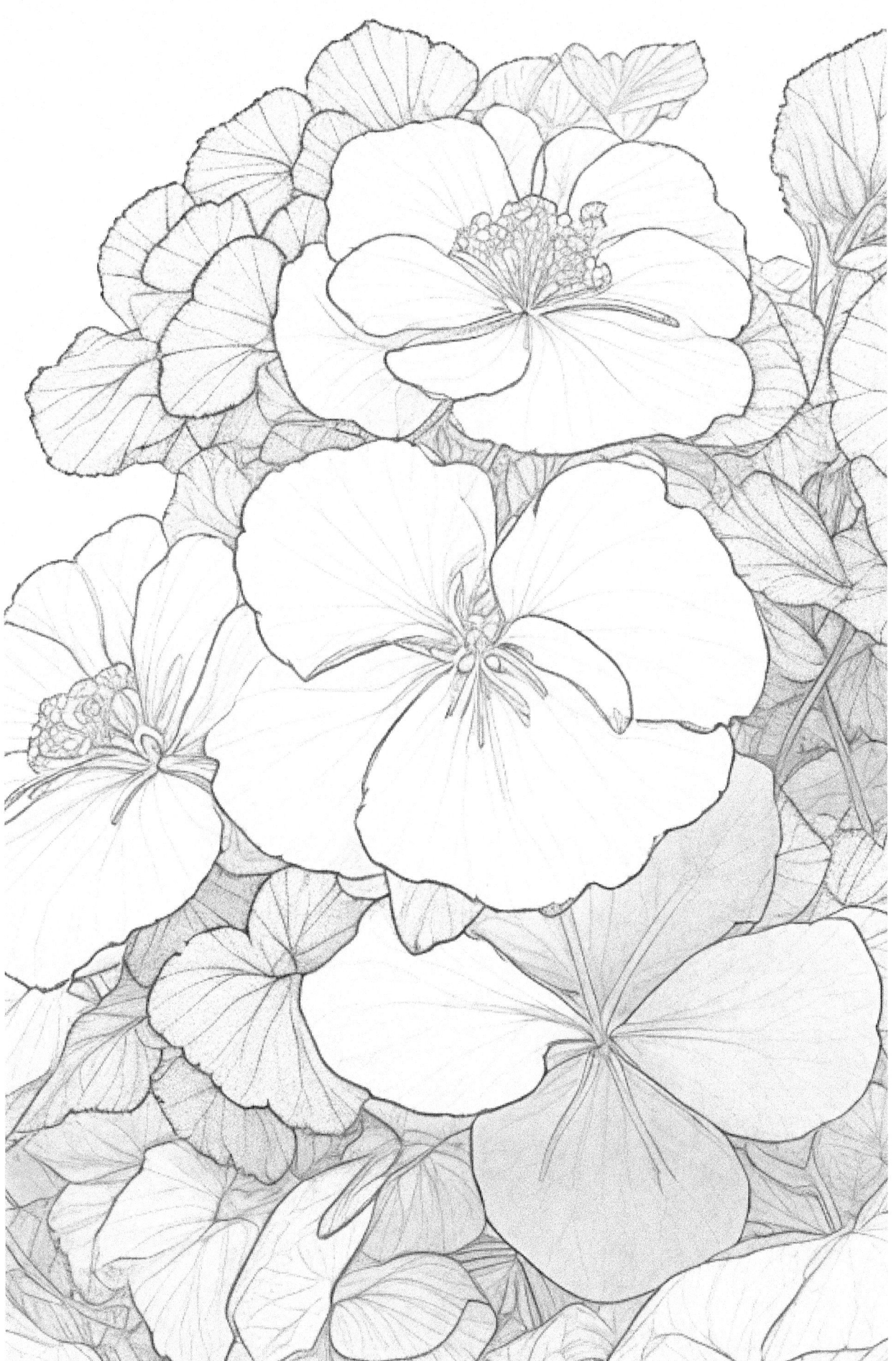

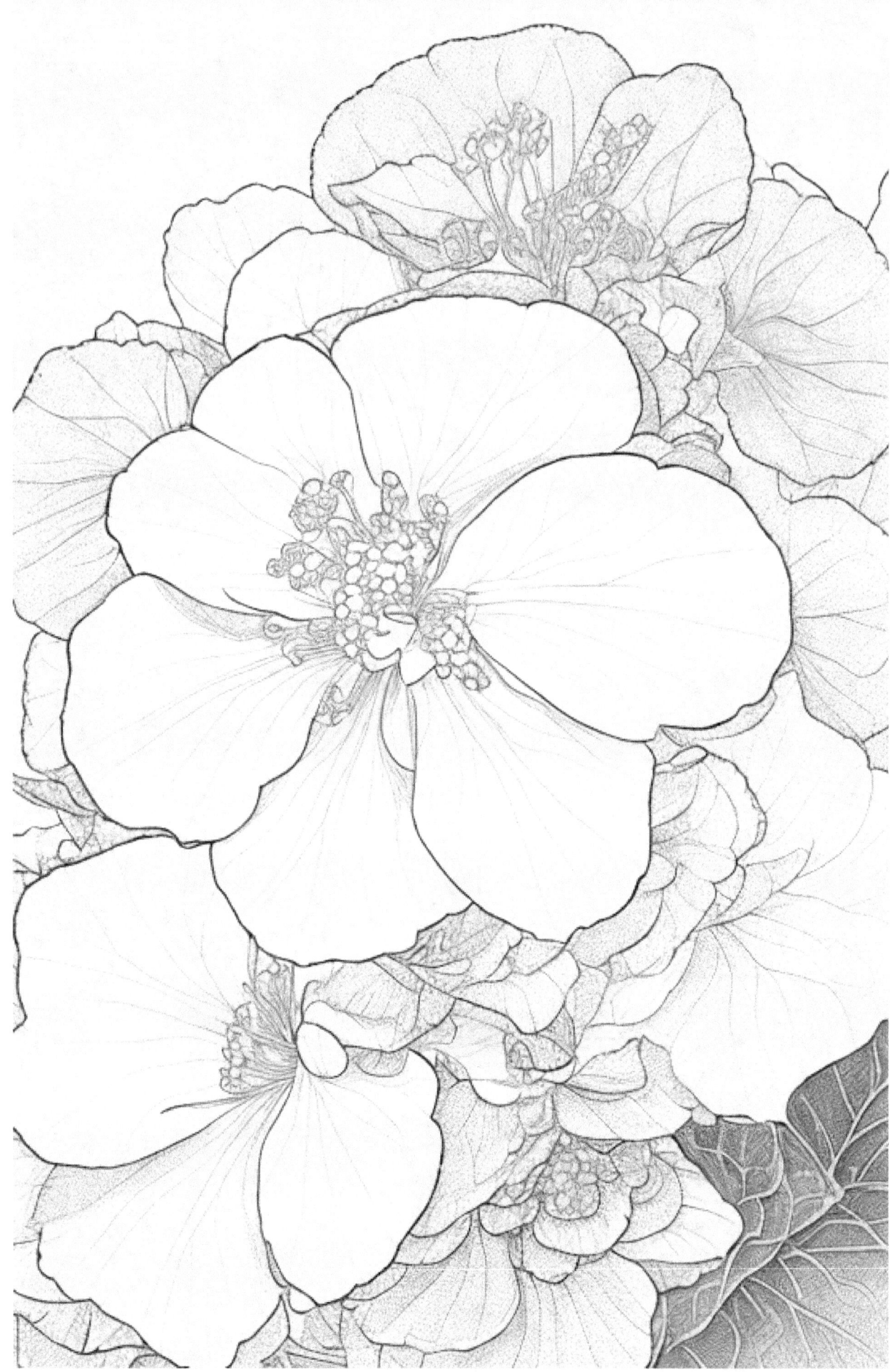

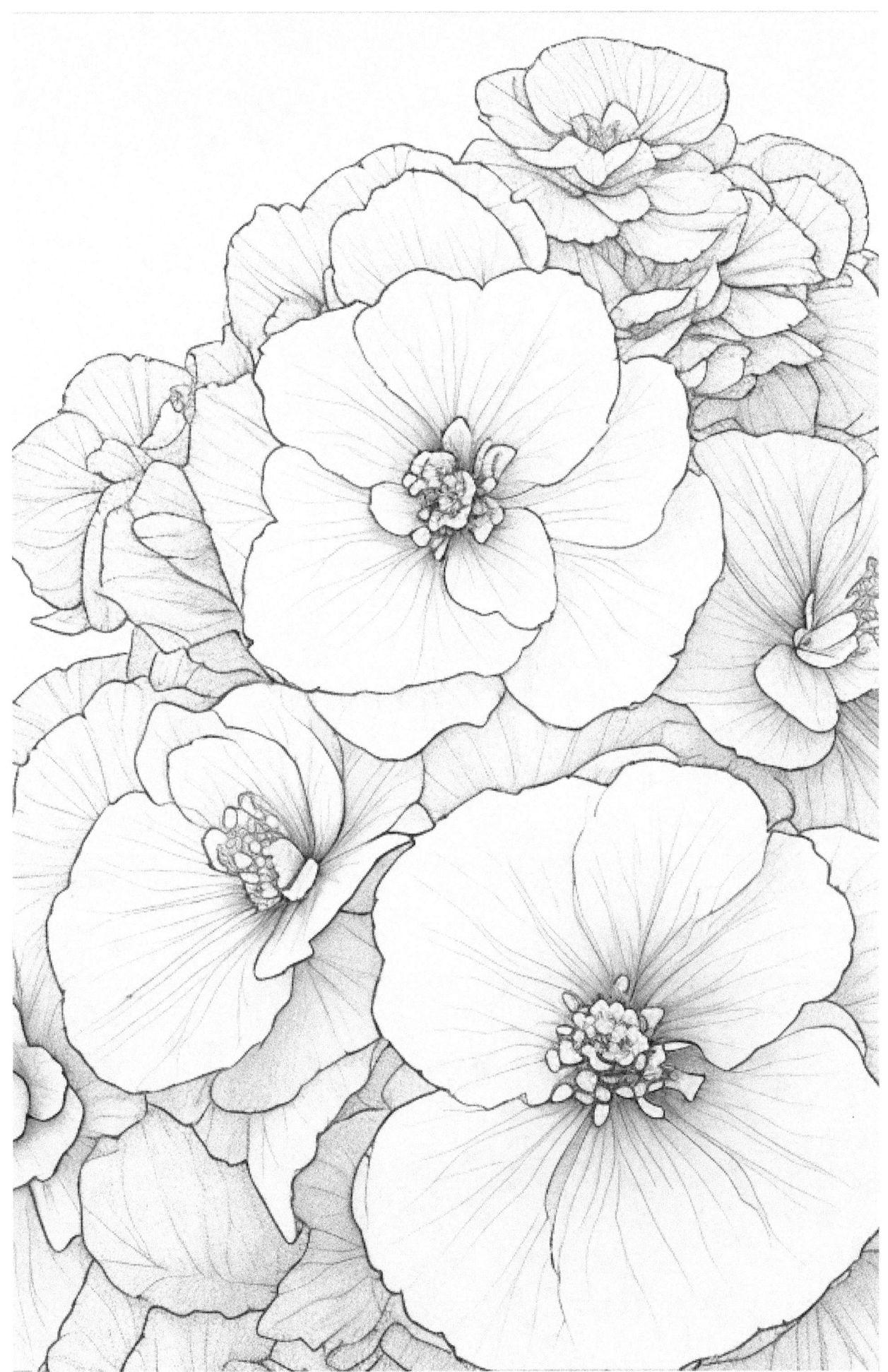

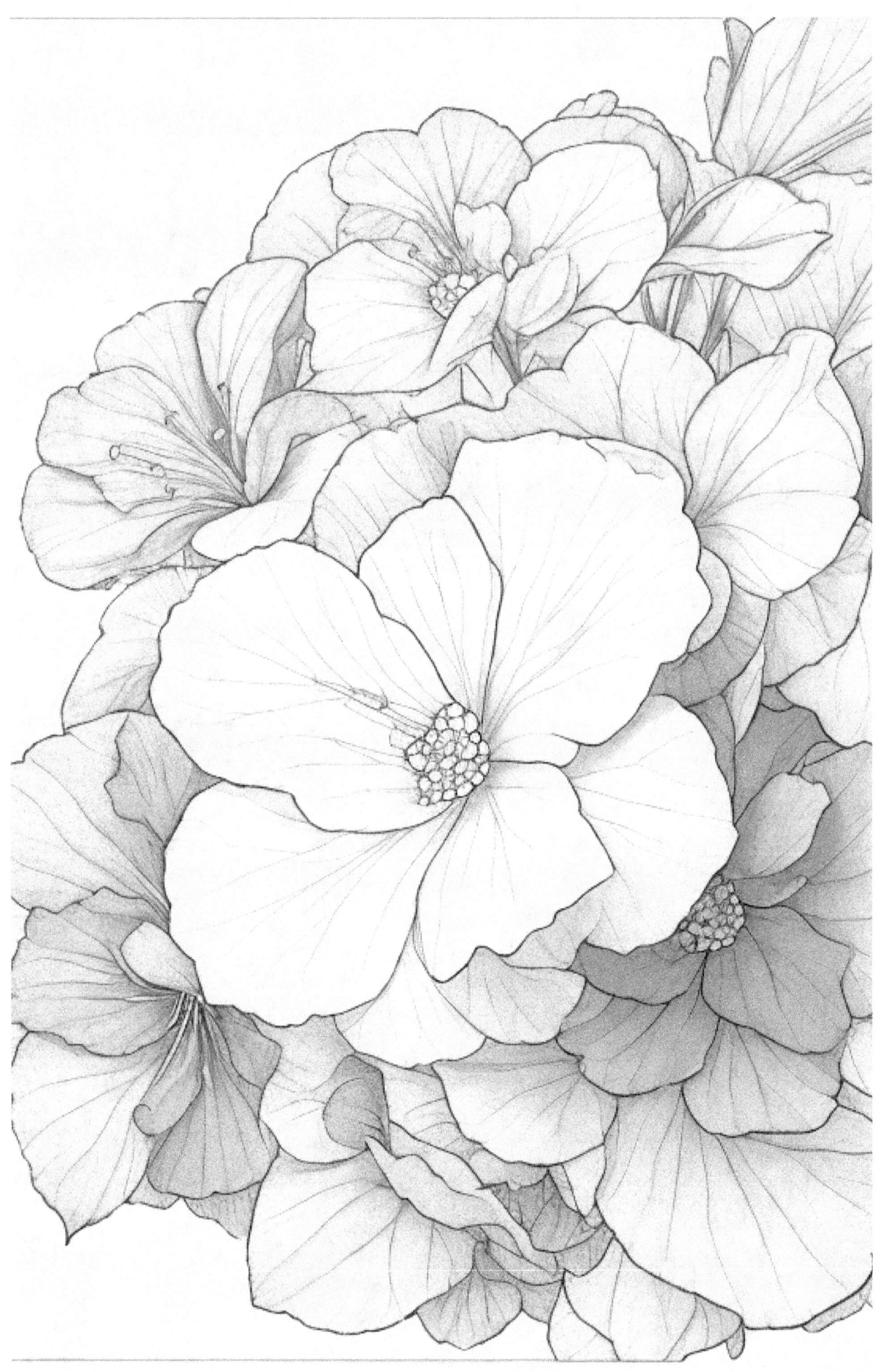

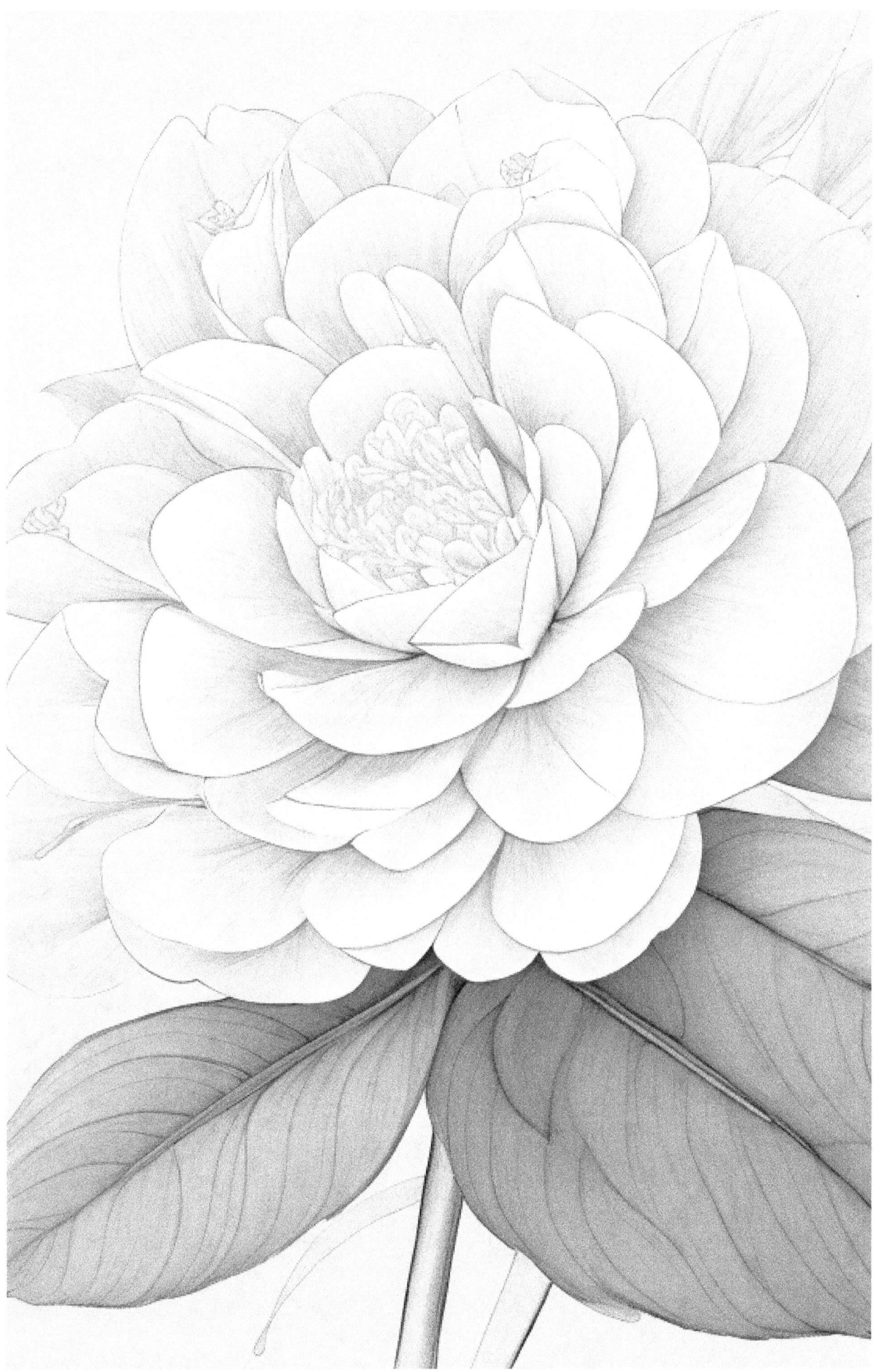

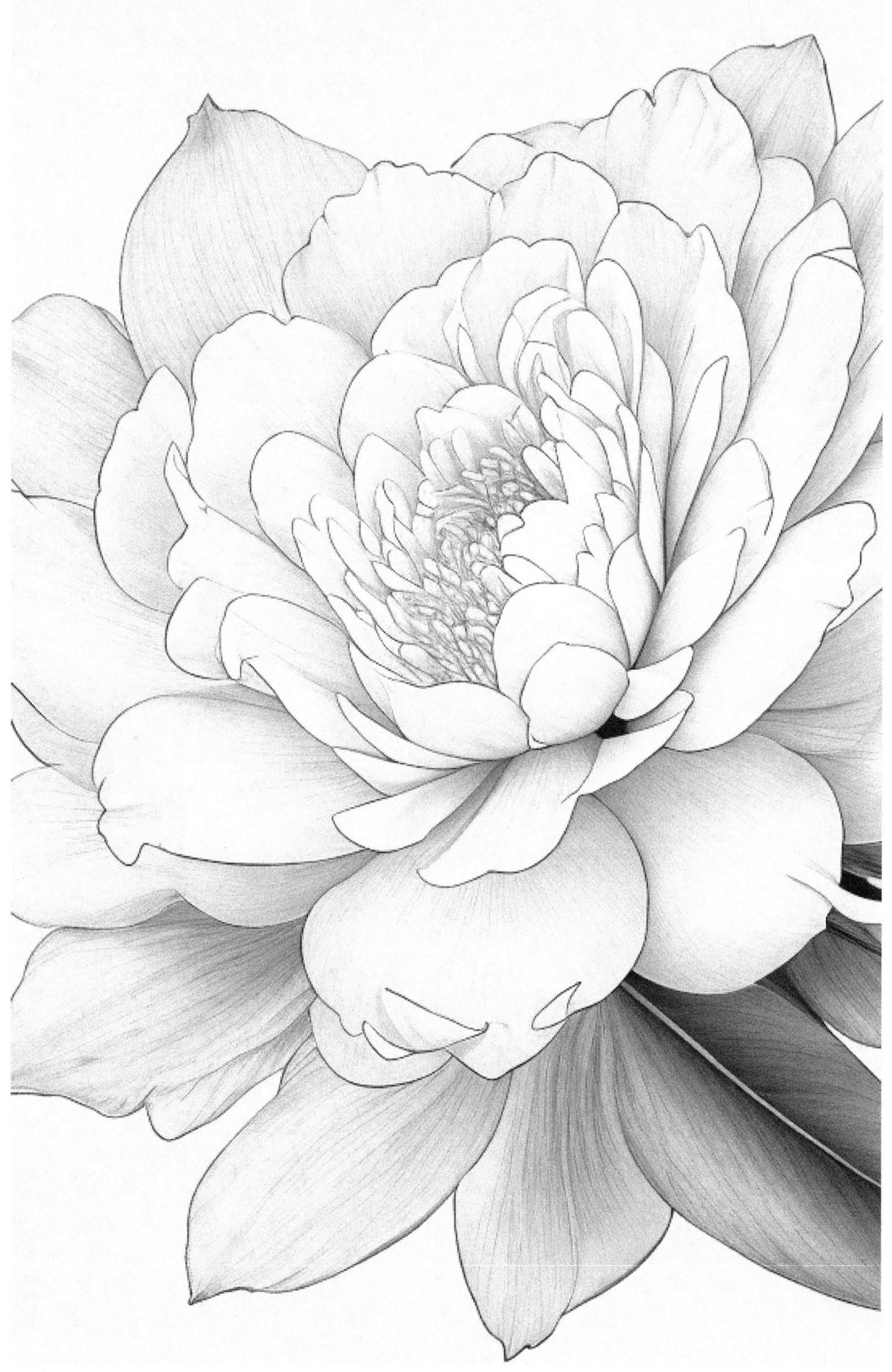

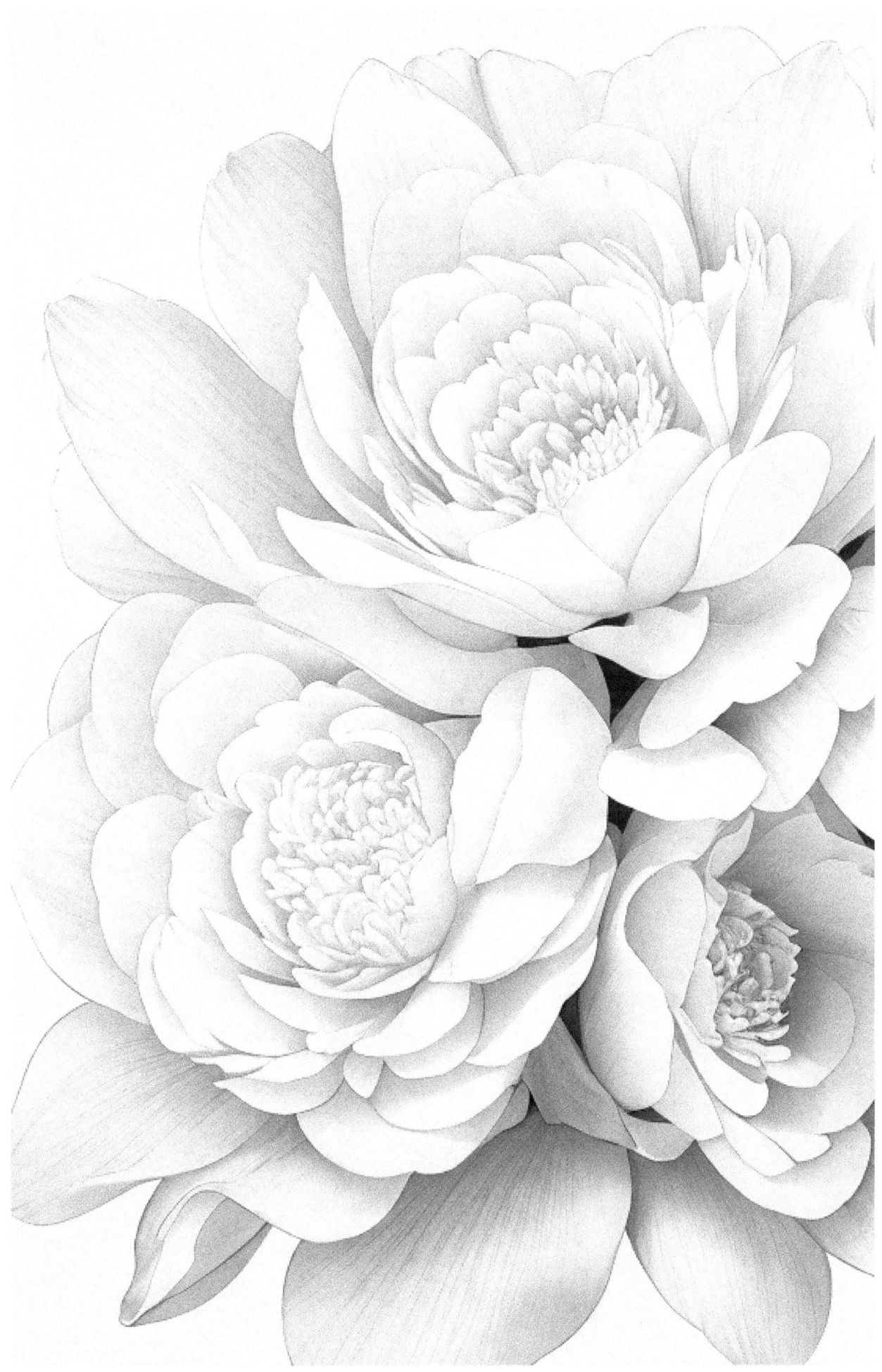

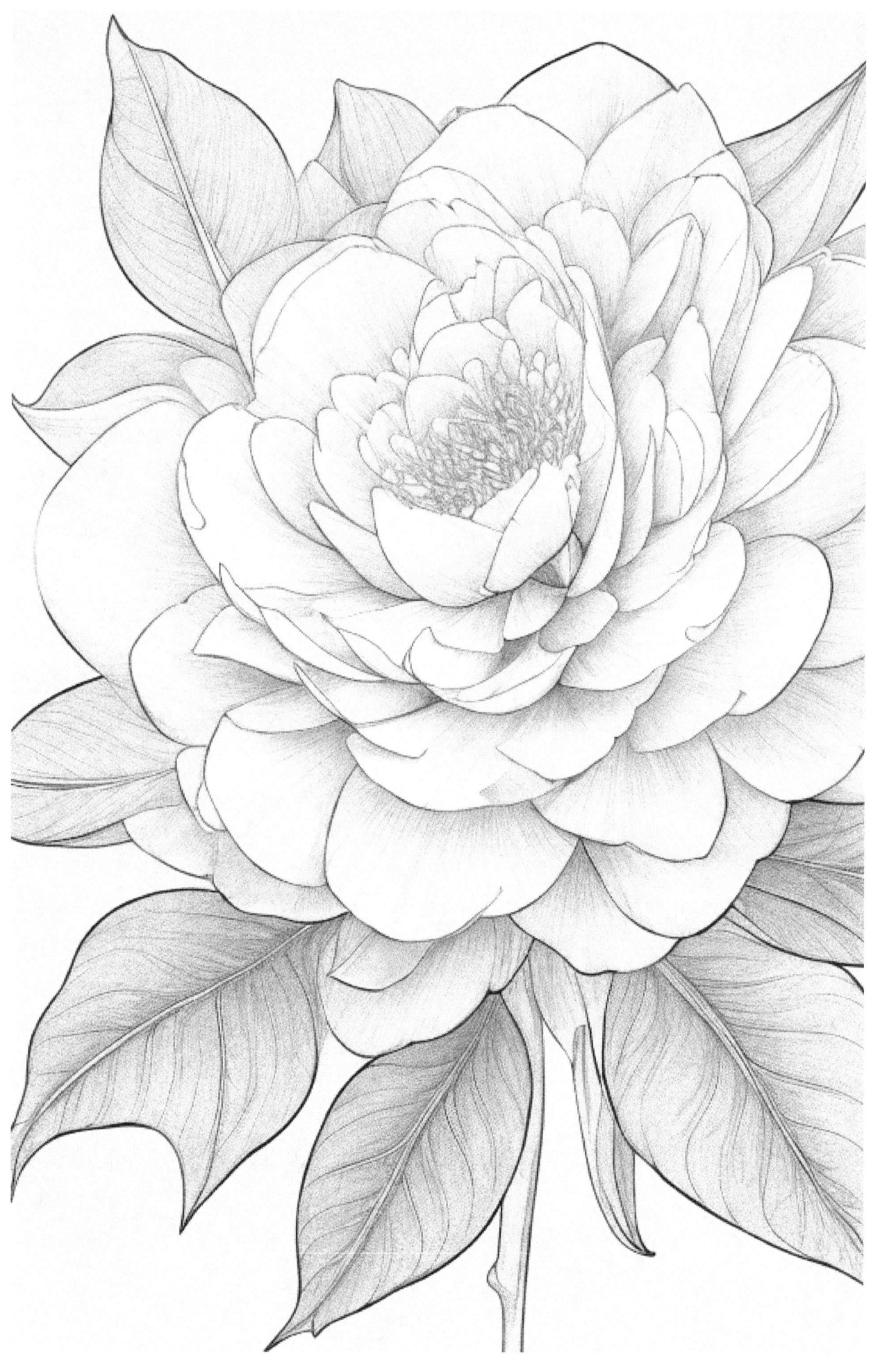

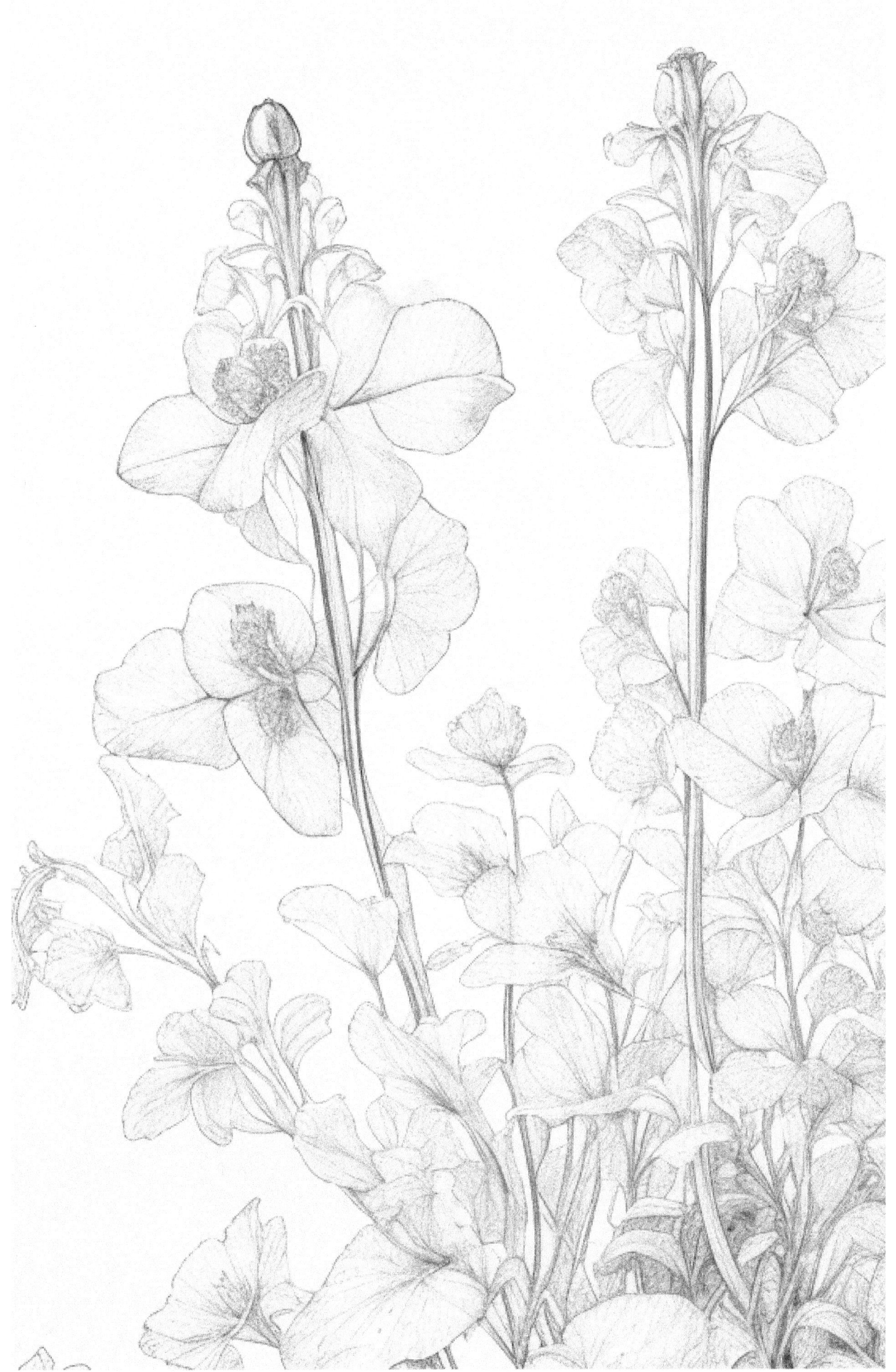

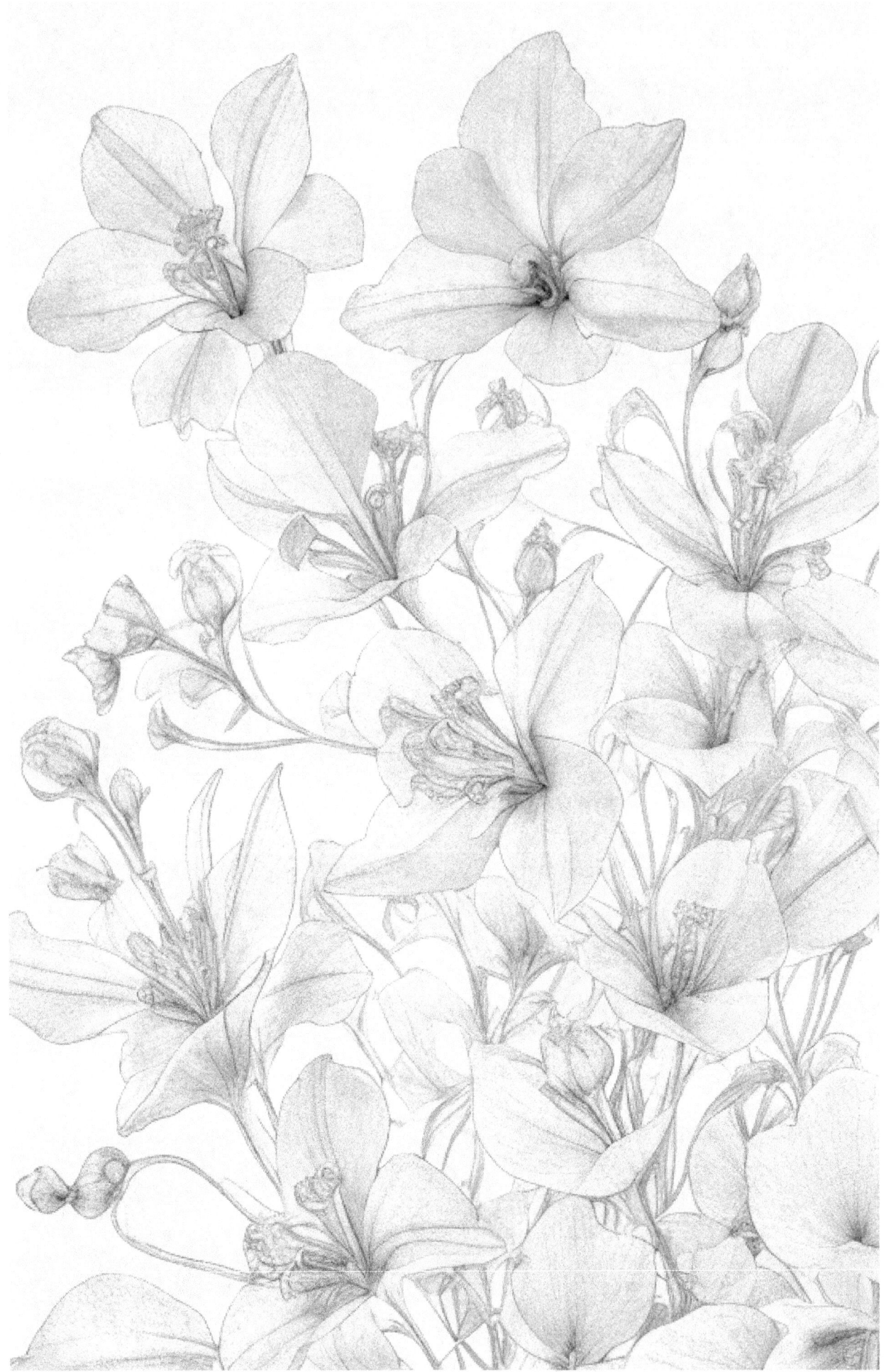

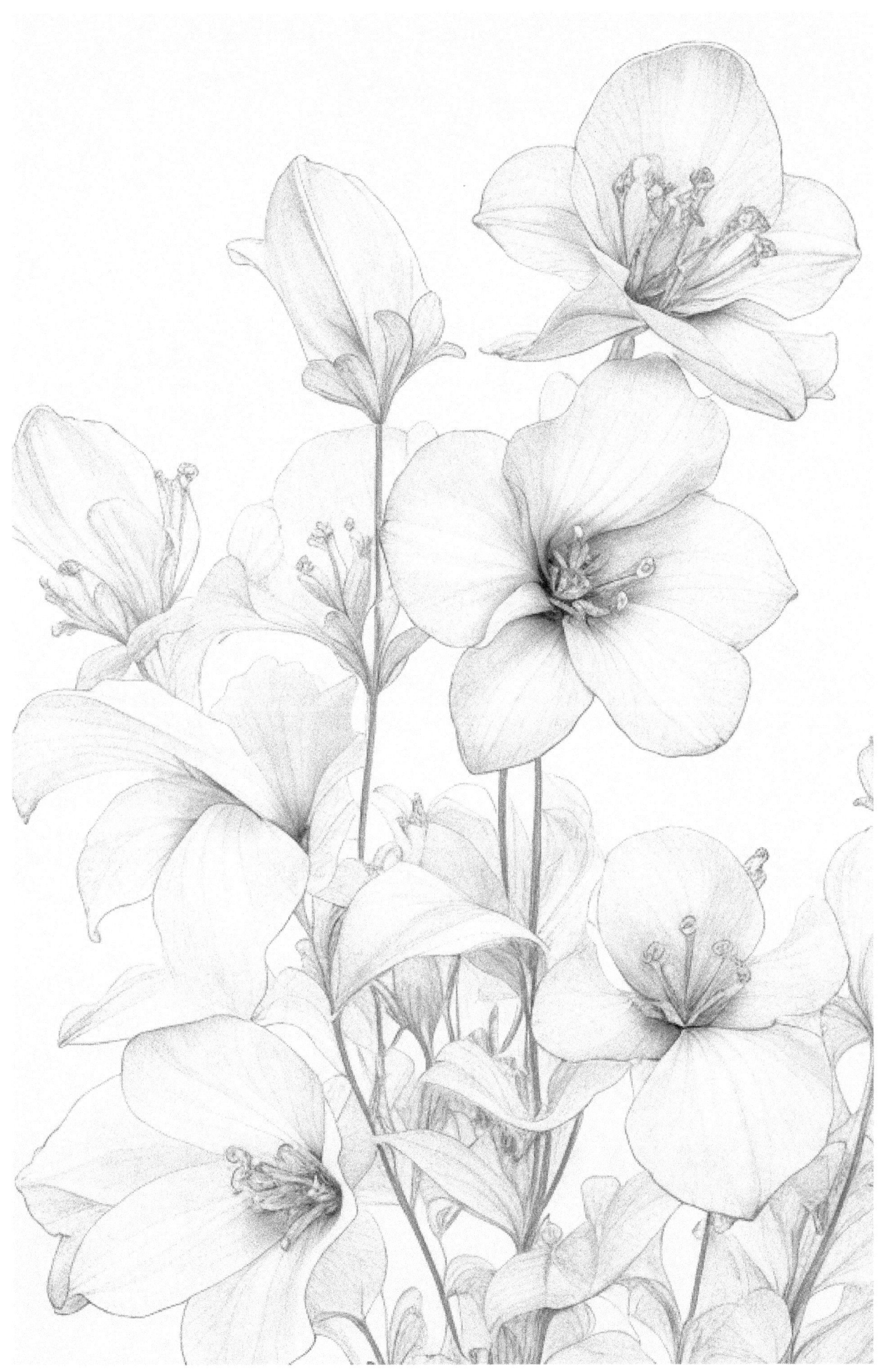

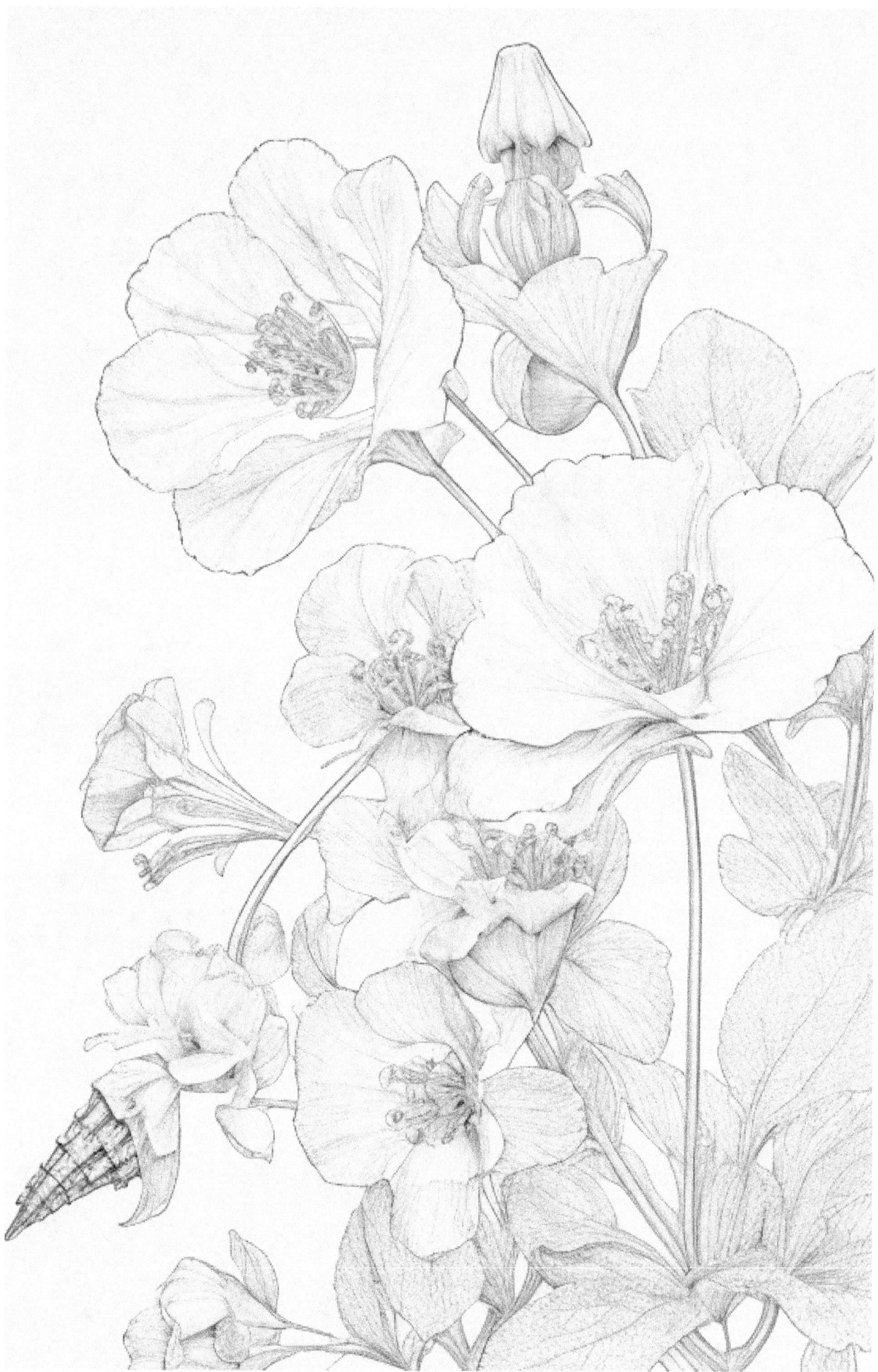

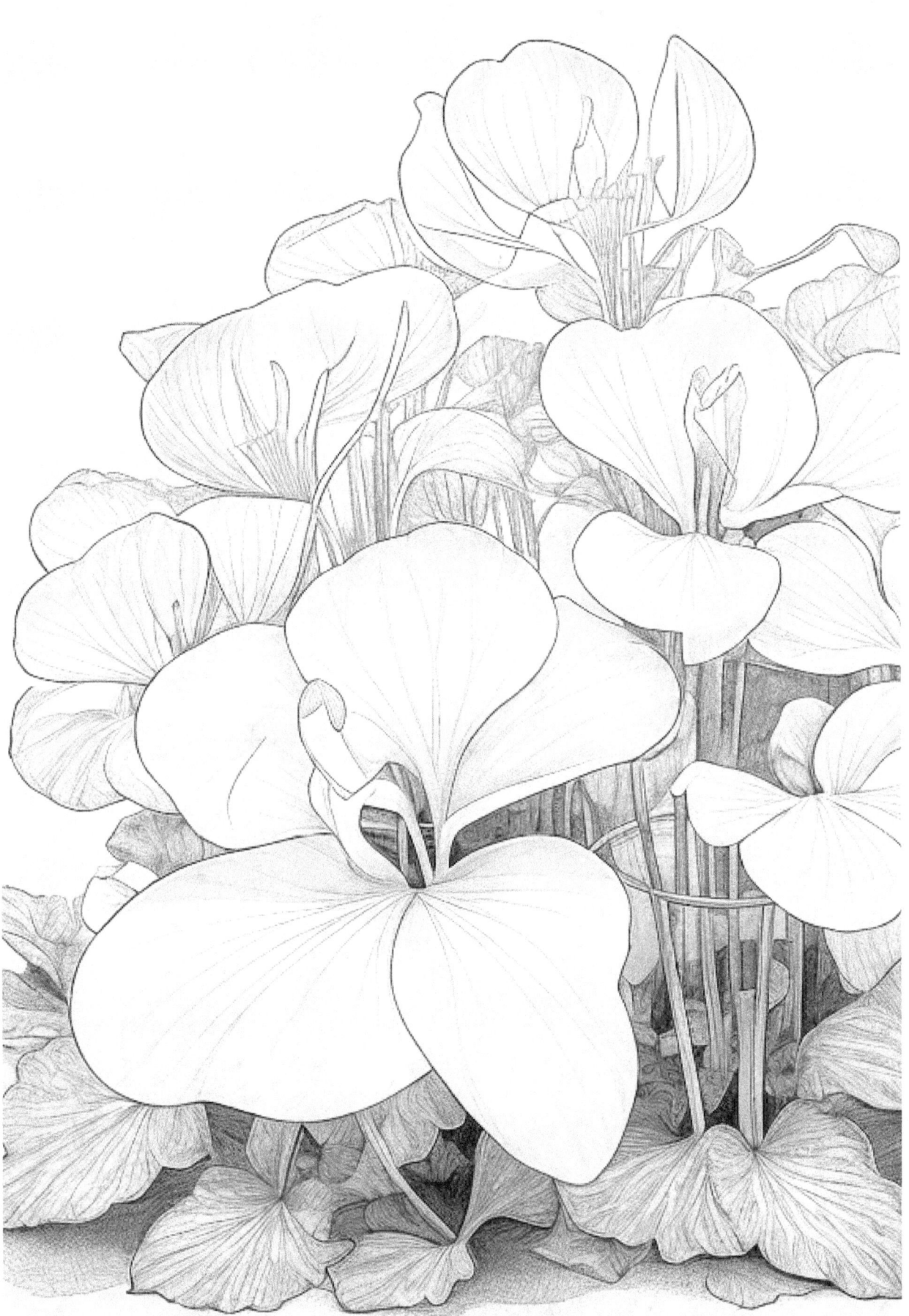

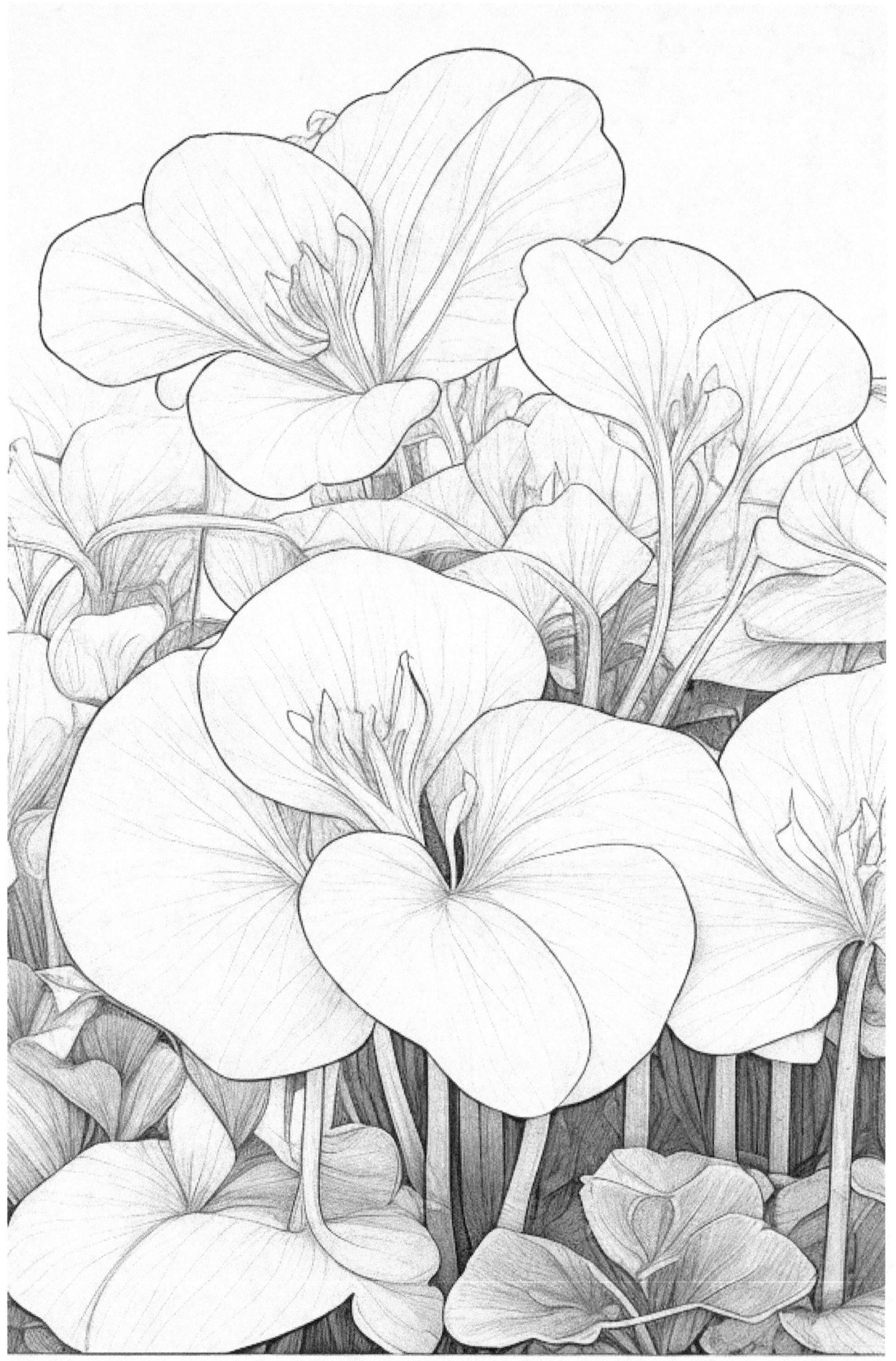

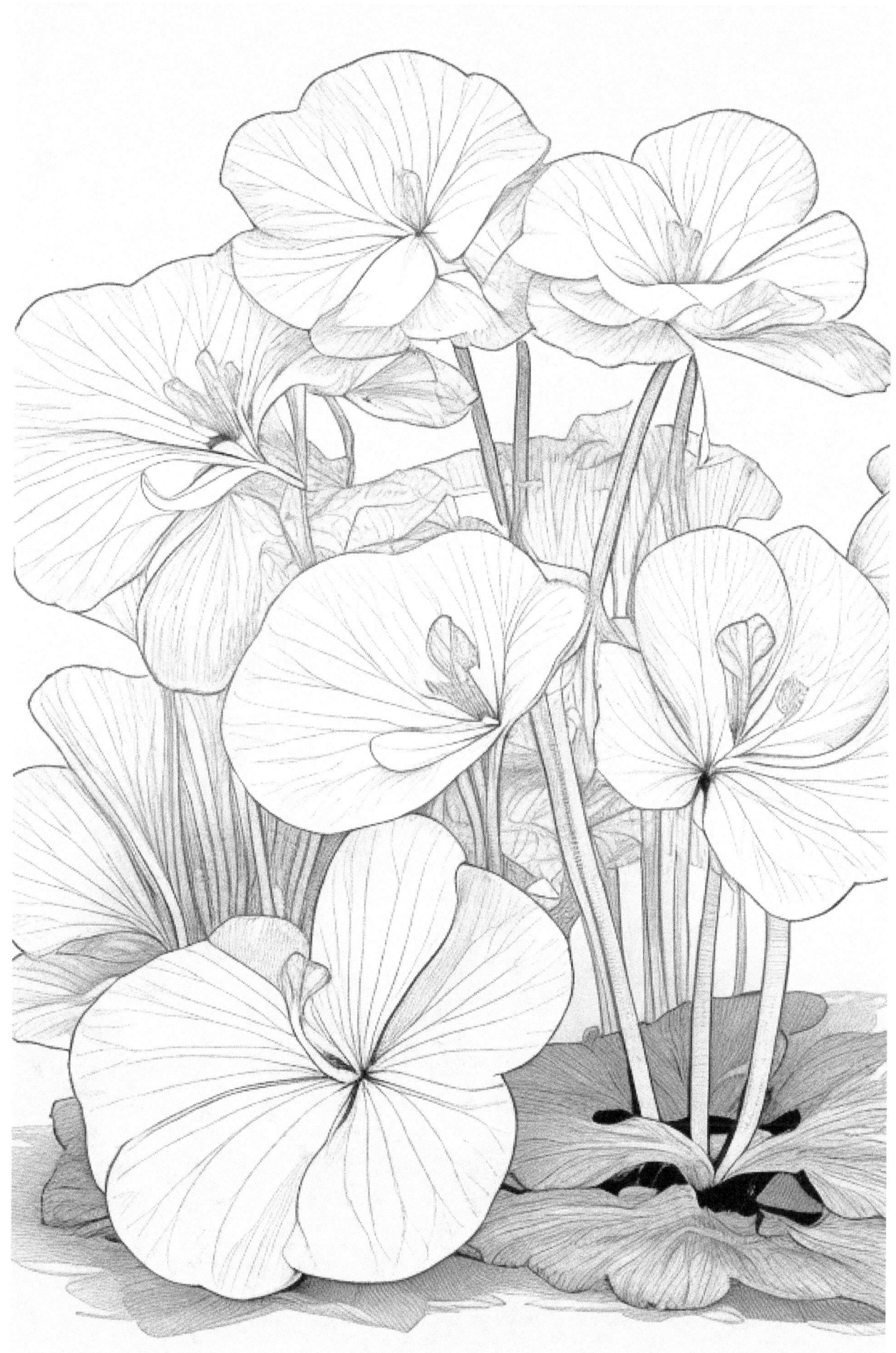

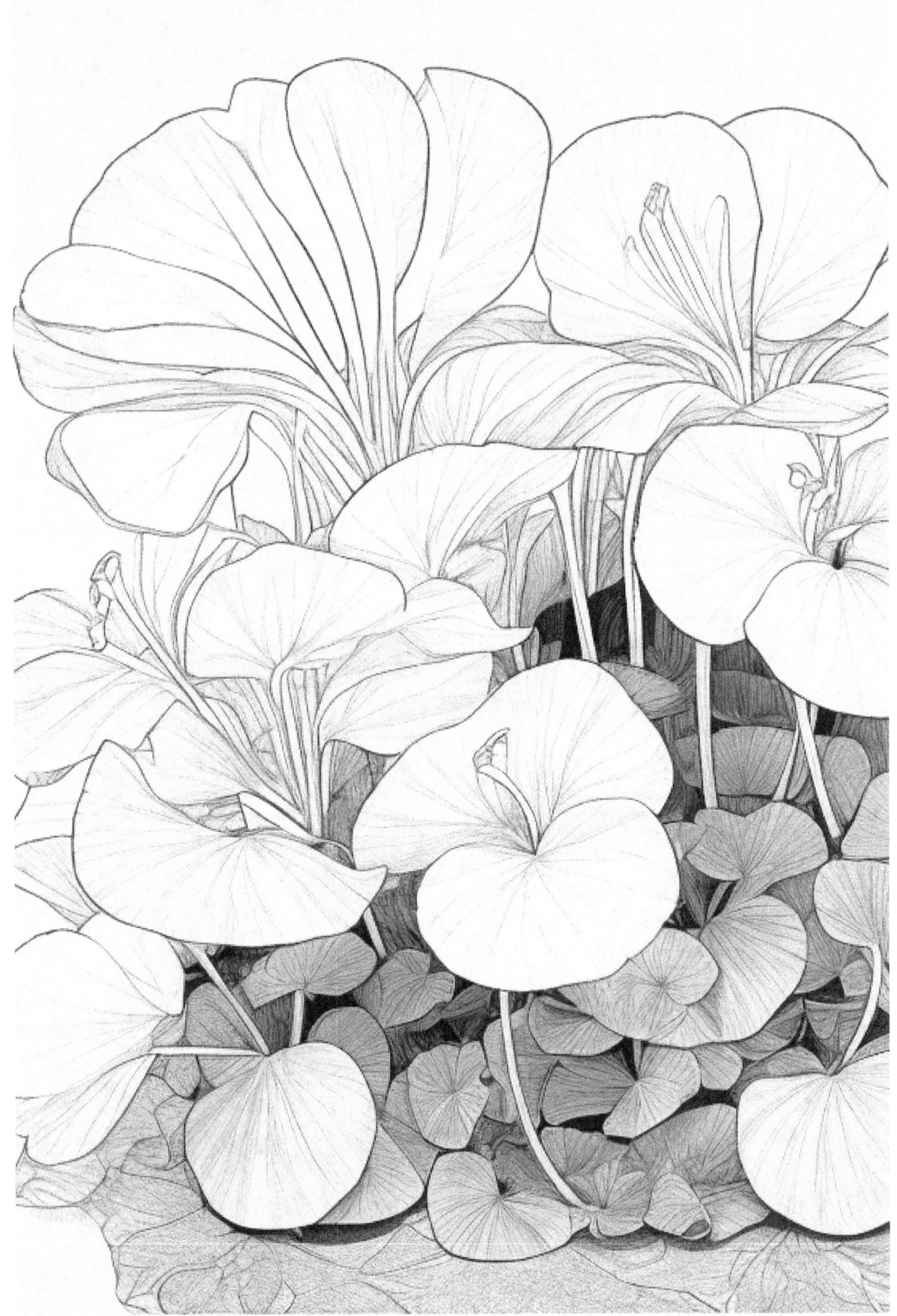

I would like to express my deepest gratitude to everyone who contributed to the realization of this book of flower paintings. Without the support and dedication of each person involved, this project would not have come to fruition.

I am grateful to the talented artists whose illustrations fill these pages with the beauty and delicacy of flowers. Your works are true sources of inspiration and represent a variety of styles and approaches that enrich this work.

To my friends and family, who have always encouraged and supported me in my artistic journey, my heartfelt thanks. Your words of encouragement and unwavering support have been instrumental in completing this book.

To the experts and teachers who have shared their knowledge and techniques, allowing me to refine my artistic skills, I express my sincere gratitude. Your valuable teachings have been incorporated into this book, making it a comprehensive resource for all flower painting enthusiasts.

I also thank the editorial and production team who worked tirelessly to transform this book into a tangible reality. Your professionalism and dedication ensured that each page reflects the quality and passion for this subject.

Last but not least, I extend my gratitude to the readers who have chosen to explore this book and venture into the magical world of flowers. I hope you find inspiration, joy, and a deep appreciation for nature through these pages. Your unique perspectives and interpretations will bring the paintings to life and make this book a truly shared experience.

My gratitude to all of you for making this book of flower paintings possible. May flowers continue to enchant and inspire our lives, leading us to explore the beauty and serenity found in nature.

Gostaria de expressar minha mais profunda gratidão a todos que contribuíram para a realização deste livro de pintura de flores. Sem o apoio e a dedicação de cada pessoa envolvida, este projeto não teria se tornado realidade.

Agradeço aos talentosos artistas cujas ilustrações preenchem estas páginas com a beleza e a delicadeza das flores. Suas obras são verdadeiras fontes de inspiração e representam uma variedade de estilos e abordagens que enriquecem esta obra.

Aos meus amigos e familiares, que sempre me encorajaram e apoiaram em minha jornada artística, meu sincero agradecimento. Suas palavras de incentivo e apoio inabalável foram fundamentais para a conclusão deste livro.

Aos especialistas e professores que compartilharam seus conhecimentos e técnicas, permitindo que eu aprimorasse minhas habilidades artísticas, expresso minha sincera gratidão. Seus ensinamentos valiosos foram incorporados neste livro, tornando-o um recurso abrangente para todos os entusiastas da pintura de flores.

Agradeço também à equipe editorial e de produção que trabalhou incansavelmente para transformar este livro em uma realidade tangível. Seu profissionalismo e dedicação garantiram que cada página refletisse a qualidade e a paixão por esse tema.

Por fim, mas não menos importante, agradeço aos leitores que escolheram explorar este livro e se aventurar no mundo mágico das flores. Espero que vocês encontrem inspiração, alegria e um profundo apreço pela natureza por meio dessas páginas. Seus olhares e interpretações únicas darão vida às pinturas e tornarão este livro uma experiência verdadeiramente compartilhada.

Minha gratidão a todos vocês por tornarem possível este livro de pintura de flores. Que as flores continuem a encantar e inspirar nossas vidas, levando-nos a explorar a beleza e a serenidade encontradas na natureza.